LIVRE DE POCHE

du

BRASSEUR

CENT ET UN MOYENS OU RECETTES.

PRIX 6 FRANCS.

DÉPOSÉ

DÉDIÉ

à Messieurs les brasseurs,

par la Rédaction du MONITEUR DE LA BRASSERIE.

1870

LIVRE DE POCHE

DU

BRASSEUR

CENT ET UN MOYENS OU RECETTES.

PRIX 6 FRANCS.

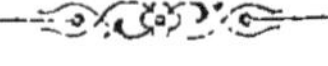

DÉPOSÉ. —

DÉDIÉ

à Messieurs les brasseurs,

par la Rédaction du MONITEUR DE LA BRASSERIE.

1870

LE LIVRE DE POCHE

DU BRASSEUR

Des clarifiants en général.

Tous les précipitants connus et employés jusqu'à ce jour pour clarifier la bière, depuis le sable et le papier brouillard jusqu'au sang et la colle de poisson, qui est une véritable gélatine presque aussi active que celle fournie par les os, ont été trouvés bons par certains brasseurs.

De là, la nécessité d'un choix judicieux du clarifiant, car il y en a dont l'action est *mécanique* seulement, et d'autres qui opèrent *mécaniquement* et *chimiquement* à la fois.

Les agents purement *mécaniques* sont le sable, le papier gris, la poudre de marbre, les cailloux calcinés, les poussières d'albâtre, de chaux, les coquilles d'huîtres brûlées

1

ou pulvérisées, les copeaux de hêtre ou de noisetier, etc., etc.

Les agents *mécaniques* et *chimiques* sont la colle de poisson et les autres gélatines provenant des animaux, comme les muscles, les aponévroses, les cartilages, les ligaments, les peaux, les cornes de cerf, ainsi que les peaux de raies, la mousse d'Irlande, l'alun, le sang des animaux (albumine) base de la plupart des poudres ; les œufs (encore l'albumine), et en particulier les pieds de veau, de bœuf, les oreillons et les pieds de mouton frais ou séchés, etc., etc.

Les clarifiants mécaniques sont de simples précipitants suffisants dans certains cas, mais trop imparfaits la plupart du temps.

Les clarifiants chimiques n'ont pas pour unique mission de dégager le liquide des matières étrangères ; ils se combinent encore avec certaines parties surabondantes de ce liquide qui restent en suspension, et ils les précipitent.

La colle de poisson est le meilleur des agents de clarification ; le sang est énergique ; mais il a ses dangers en raison même de son énergie. Les œufs produisent une faible action comme clarifiants.

La gélatine, au contraire, ne présente aucun inconvénient. On peut sans crainte augmenter la dose, répéter les collages et compter pour ainsi dire toujours sur un résultat certain. C'est parce que nous avons pu nous convaincre par une expérience de chaque jour de l'efficacité et des avantages de ce moyen de collage, que nous le recommandons et en conseillons l'emploi de préférence à tous les autres.

Des autres substances dont on se sert encore pour clarifier la bière.

Nous savons que dans quelques localités, on se sert encore d'une *colle au cuir*, espèce de gélatine infecte, et dont nous avons peine à concevoir l'admission dans la clarification des boissons.

Les brasseurs intelligents et instruits l'ont compris, il n'y a plus que quelques retardataires qui en fassent usage. Voici comment on procède pour fabriquer la colle au cuir : on soumet à une longue ébullition dans l'eau les rognures de cuir des bourreliers, les débris de parchemin, et spécialement les fragments de cuir blanc de Hongrie, de manière à obtenir une forte décoction gélatineuse que l'on emploie ensuite à la clarification des bières; il en est encore de même de la tête de veau pour laquelle on opère de la même manière. Non-seulement il y a là un énorme contre-sens au point de vue de la durée de la conservation des produits, mais il ne doit même pas y avoir d'économie ; parce qu'il faut dix fois plus de cette colle que de colle de poisson ; en outre son action est moins efficace, moins prompte et peut quelquefois détériorer la bière en lui communiquant un mauvais goût.

De la clarification artificielle de la bière.

C'est incontestablement la première des propriétés d'une bonne bière d'être non-seulement claire, mais vive, mais limpide ou ayant de la diaphanéité ; car si la diaphanéité d'une bière semble inviter déjà à la boire, d'un autre côté il faut avouer que ce n'est que lorsqu'une bière est bien limpide qu'elle obtient sa plus grande finesse de goût.

Toute bière préparée avec de bonnes matières premières brassées d'après les principes de l'art et bien fermentées devient naturellement limpide, si on lui laisse le temps nécessaire. Toutefois, lorsqu'il s'agit d'écouler la bière jeune, avant d'être assez vieille pour être bonne à boire ou encore par suite d'une provision insuffisante de bière jeune qui n'a pas assez longtemps séjourné dans la cave, le brasseur est obligé de recourir à une clarification artificielle.

Ajoutons encore que l'emploi des moyens artificiels de clarification offre toujours une aide, un secours, si le besoin s'en fait sentir.

Nous avons d'abord à nous poser cette question :

Quel est le meilleur moyen de donner à la bière, dans le temps le plus court, le degré le plus élevé de limpidité ou de diaphanéité, sans que l'emploi de ces moyens préjudicie à la richesse et à la conservabilité de la bière ?

Tous les moyens employés pour la clarification de la bière ont une action ou chimique ou mécanique comme nous venons de le dire.

Bien qu'anciennement et même encore aujourd'hui, différentes substances tirées du règne animal aient été employées pour la clarification de la bière, tels que les pieds de veau, de bœuf, les oreillons et les pieds de mouton frais ou séchés, le blanc d'œuf fouetté, le lait, le sang ; aujourd'hui cependant ils ont été assez bien abandonnés, et l'on emploie plus souvent la gélatine sèche, et mieux encore la colle de poisson, qui est presque d'un usage général, et qui possède une très-grande énergie clarifiante.

L'emploi de la gélatine sèche s'opère à la chaudière, c'est-à-dire qu'on la cuit avec le moût, tandis que la colle de poisson à l'état de dissolution est le plus souvent ajoutée ou au levain, ou, ce qui est le plus habituellement pratiqué, n'est ajoutée qu'aux bières fermentées qui ne veulent pas se clarifier d'elles-mêmes. Pour un hectolitre de bière, on prend un quart ou un demi-litre de cette dissolution qu'on mélange bien avec le liquide à clarifier, et selon ses divers degrés de trouble.

On peut aussi ajouter déjà à la chaudière la colle de poisson amollie préalablement dans l'eau froide. Toutefois, employée de cette manière, et pour en obtenir de très-grands résultats, cette addition doit être plus grande qu'habituellement, et pour accomplir ainsi la clarification ce serait un moyen assez coûteux.

Par rapport à la préparation de la colle de poisson, nous ferons remarquer que sa dissolution, quand on veut la dissoudre avantageusement et en tirer le meilleur parti possible, doit avoir lieu au moyen d'un acide. L'acide tartrique est le meilleur en ce que c'est un acide libre qui n'exerce aucune influence nuisible sur la bière, tandis que l'acide acétique est susceptible d'une décomposition par la fermentation insensible et nécessairement doit provoquer une action préjudiciable sur la bière pendant cette fermentation, lorsqu'elle a été clarifiée avec de la colle de poisson préparée au vinaigre, parce qu'ainsi la bière deviendrait plus vite acide et serait amenée d'autant plus rapidement à sa détérioration. On doit donc éviter d'employer du vinaigre ou de la bière acide pour mettre la colle en dissolution, et il est bien plus convenable d'y employer de l'acide tartrique en cristaux fins. On peut d'ailleurs, dans les contrées où le vin est à bas prix, employer au lieu d'acide tartrique, du vin blanc ordinaire, qui rend également d'utiles services. Mais il existe ici une particularité qu'avec le vin on peut bien dissoudre la colle de poisson en feuilles minces, tandis que la colle de poisson ordinaire ne se dissout pas aussi bien. D'un autre côté, le double de temps est en tout cas nécessaire pour dissoudre la colle avec le vin.

Un moyen qui se propage assez bien, est l'emploi des peaux de raies comme clarifiant ; elles se dissolvent aussi avec l'acide tartrique et leur usage a ordinairement lieu avant la fin de la fermentation complémentaire et même, par certains brasseurs, après cette fermentation terminée ; cependant la première manière d'agir vaut mieux que la seconde.

Un autre moyen très-recommandable par son énergie de clarification, est le lichen carraghen, qu'on recueille sur les côtes septentrionales d'Irlande. Cuit pendant une heure avec le moût, il forme une substance gélatineuse hygiénique, pectorale, tonique et amère.

L'emploi du lichen se fait donc en chaudière une heure avant de terminer l'ébullition. Lorsque le moût a cuit pendant le temps habituel, il apparaît à la chaudière plus limpide qu'à l'ordinaire, et quand ensuite il est porté aux bacs, une première clarification s'y opère, car toutes les parties impures retombent et se séparent sous forme de lie.

On n'a pas besoin d'ailleurs d'acheter ce lichen à l'état pulvérisé. Il coûterait trop cher, mais on l'achète en l'état où il nous arrive d'Irlande. On le divise bien ensuite avant de l'ajouter au moût en ébullition. En outre, on doit bien faire attention de l'acheter de bonne qualité, car il arrive quelquefois que le lichen, par suite d'un mauvais emmagasinage, est en partie détérioré. On reconnaît qu'il est sain à l'odeur bonne et franche qu'il doit exhaler.

Pour un hectolitre de moût, 8 à 9 grammes de lichen carraghen bien divisé suffisent pour opérer la clarification désirée.

Dans la fermentation du moût, il faut aussi avoir soin que la première couche noirâtre, c'est-à-dire avant la formation de la levure, soit enlevée de la surface, car autrement la levure nouvelle en serait salie et amère.

Un autre moyen encore d'opérer une prompte clarification de la bière d'une manière mécanique s'opère au moyen des copeaux de hêtre ou de noisetier, qu'on prépare de la manière suivante :

On n'y emploie que du bois sain et lisse de hêtre ou de noisetier, qu'on coupe en morceaux d'environ 50 centimètres de longueur.

On lui enlève son écorce et l'on mouille préalablement le bois plusieurs heures dans l'eau chaude, afin qu'il puisse être travaillé plus facilement.

On le découpe alors en morceaux au moyen de la colombe en leur donnant une épaisseur de 2 à 3 millimètres et une longueur d'environ 30 à 50 centimètres.

On continue à travailler de cette manière jusqu'à ce que l'on ait les copeaux nécessaires, on les trempe ensuite dans l'eau froide, puis on les met en ébullition avec de l'eau pendant plusieurs heures, et, au moyen d'une planche recouverte d'une pierre, on prend soin que les copeaux soient toujours submergés.

Par cette décoction, les copeaux seront délivrés de la sève résineuse qu'ils renferment, et qui s'en va avec l'eau de lavage, qui alors revêt une nuance brun-rougeâtre.

On fait écouler cette eau colorée, et l'on met les copeaux dans une petite cuve remplie d'eau fraîche. On les lave en les mélangeant bien avec de l'eau, qu'on laisse ensuite promptement s'écouler. On la renouvelle une ou deux fois encore en procédant de la même manière. Dans la dernière eau, on laisse habituellement les copeaux plusieurs heures encore avant de les mettre en tonneaux.

Quand on procède à l'emploi des copeaux, on ôte le fond de devant des tonneaux destinés à cet usage.

On y met les copeaux nécessaires, après les avoir délivrés d'eau et à moitié séchés en employant un panier ordinaire pour un tonneau de 5 à 6 hectolitres.

Pour des tonneaux plus grands, on en ajoute proportionnellement davantage. Le fond est ensuite rajusté avec soin, on met le tonneau sur chantier, et l'on peut le remplir de bière.

Lorsqu'un tel tonneau, après avoir été rempli, est vide de nouveau, on ne doit pas, comme cela a ordinairement lieu, le laisser avec la bonde ouverte, sans le nettoyer préalablement, car autrement la suite inévitable serait une prompte acétification des copeaux, ce qui ne pourrait pas être écarté, même en les échaudant plus tard à l'eau chaude, car les copeaux imbibés de bière, par le contact de l'oxygène de l'air, sont promptement pénétrés d'acide acétique.

Pour éviter en conséquence les suites fâcheuses qui pourraient résulter d'une telle négligence pour la bière qui ensuite serait emmagasinée, chaque tonneau à copeaux vidé de bière doit être rempli aussitôt d'un quart environ de sa contenance d'eau froide, avec laquelle on le rince soigneusement ; après quoi, on le laisse quelques heures en repos avec de l'eau, afin de ramollir la lie adhérente aux copeaux, et alors seulement, après avoir rejeté cette eau, on échaude à deux reprises les tonneaux à l'eau bouillante, quand ils ne sont pas goudronnés, en ajoutant à la dernière eau une petite quantité de baies de genièvre concassées, et, après

l'avoir rincé à plusieurs reprises à l'eau
fraîche, on le remet à la cave, où il peut
être rempli de nouveau avec de la bière
jeune.

Il est donc nécessaire, après deux ou
trois emplois des tonneaux à copeaux, de
retirer ces derniers et de les laver hors du
tonneau.

Cependant, lorsqu'on a des tonneaux assez
grands et munis de portes, on peut, par cette
ouverture, retirer les copeaux et les remettre
ensuite, après les avoir débarrassés de la lie
qui y adhère.

Par cette raison, en employant les copeaux, il est beaucoup mieux de munir de
petites portes les tonneaux et cuves de garde
même ceux de 5 à 10 hectolitres de contenance, car alors, outre que ces tonneaux ou
ces cuves peuvent être goudronnés, on peut
bien chaque fois nettoyer les copeaux, tandis qu'autrement, lorsque les copeaux doivent
être échaudés à l'eau bouillante, ce qui est
nécessaire sans les extraire de ces vases, il
ne peut s'y trouver de goudron, car l'eau
chaude le dissoudrait.

Au moyen de l'emploi de ces copeaux, on
amène donc la bière jeune aussi à une
prompte clarification, et, si simple que soit
ce procédé, si facilement que se clarifie la

bière, il est besoin d'un traitement soigneux, lorsque la bière bondonnée et fortement mousseuse doit être soutirée de ces vases à copeaux.

Les copeaux qui ne sont pas utilisés, après les avoir bien nettoyés et bien lavés, sont portés sur le grenier et séchés. Il est donc de toute évidence que les copeaux, avant de les employer de nouveau, doivent être bien lavés à l'eau froide, avant de l'être à l'eau bouillante.

Ainsi, on voit par ce qui précède qu'il y a des moyens de clarification en chaudière pendant l'ébullition, à l'aide de colle de poisson ou de lichen, sur la fin de la fermentation avec les peaux de raies et après la fermentation complétement achevée, avec de la colle de poisson, même des peaux de raies et des tonneaux à copeaux, etc.

De la colle de poisson en particulier.

La colle de poisson est la vessie natatoire du grand esturgeon et de l'esturgeon commun ; elle est formée entièrement par une matière animale qui se transforme facilement en gélatine.

Les qualités nécessaires pour obtenir une bonne colle de poisson sont : 1° qu'elle donne à la liqueur une limpidité parfaite sans altérer son goût ni sa qualité; 2º de précipiter complétement la lie au fond du tonneau; 3º de se combiner assez fortement avec toutes les parties de la lie pour qu'elles ne puissent se séparer d'elle; 4º d'être assez pesante pour maintenir cette lie au fond du tonneau et l'empêcher de remonter ou de se mêler à la bière quand on tire à la tonne. Tous ces bons résultats ne sont obtenus que par la colle de poisson, d'un blanc jaunâtre et bien transparente.

Manière de préparer la colle de poisson et de l'employer.

Pour reconnaître la bonne qualité de la colle de poisson, il faut donc :

1º Qu'elle soit jaune, d'une teinte naturelle et non blanche;

2º Qu'elle soit fondante ou se dissolve sans résidu;

3º Qu'elle soit coagulable dans toutes les bières;

4º Qu'elle se malaxe parfaitement sans fondre au trempage, afin d'obtenir une gélatine brillante.

La quantité à employer de la colle de poisson, première qualité, est de 10 à 20 grammes pour 10 hectolitres de bière, soit 1 à 2 grammes par hectolitre de bière à clarifier, selon le degré de trouble de la boisson.

Voici comment on opère la dissolution :

On divise la colle de poisson en parcelles aussi petites que possible. On l'imbibe dans un vase avec assez d'eau pour que le liquide surpasse de peu la colle. On change cette eau deux ou trois fois pendant les 10 ou 12 heures de trempage, au bout desquelles la colle sera suffisamment amollie pour pouvoir être broyée au pilon dans un mortier et réduite en une pâte bien fine. La même pâte peut aussi s'obtenir par le pétrissage à la main.

Quand la colle a été pétrie jusqu'à ce qu'elle ait l'aspect du *papier mâché*, on la délaye au moyen d'un petit balai, dans environ soixante fois son poids d'eau.

Cela fait, on introduit dans la colle délayée avec toute la quantité d'eau nécessaire, la quantité d'acide tartrique broyée ou réduite en poudre. On agite ensuite constamment la masse qui s'épaissit bientôt et prend l'aspect d'une gelée blanche. Cette transformation indiquera que l'on a versé suffisamment d'acide tartrique. Quand la colle est de première qualité, le tout est réduit en une gélatine blanche et limpide.

Il va sans dire qu'une proportion moindre d'acide tartrique est nécessaire, quand d'abord cet acide est d'origine naturelle, c'est-à-dire provient du tartre. C'est pour ce motif qu'il est difficile d'indiquer à l'avance la quantité d'acide tartrique à employer. La qualité de cet acide est pour beaucoup dans la réussite du procédé ; souvent au lieu d'acide tartrique *naturel*, extrait du tartre, la droguerie livre aux brasseurs de l'acide tartrique *artificiel* de fabrication anglaise, lequel n'étant pas pur ni homogène, opère mal la dissolution de la colle de poisson et expose les bières à s'acidifier très-promptement par défaut de clarification.

La gélatine ainsi obtenue devra être enfermée dans des bouteilles bien bouchées et placées dans un endroit frais pour sa conservation.

Pour opérer la clarification de la bière, on en prend un quart ou un demi-litre par hectolitre, selon le degré de trouble du tonneau de bière à clarifier ; on le verse dans un chaudron, après avoir au préalable enlevé la quantité de bière nécessaire pour y ajouter la colle. On fouette bien celle-ci à l'aide d'une vergette, puis on y ajoute une partie de la boisson tirée au tonneau à clarifier et on fouette jusqu'à ce qu'elle devienne toute en écume; ensuite on la verse ainsi toute en mousse dans le tonneau et si ce vase n'est pas entièrement plein, on achève de le remplir avec de la bière, etc.

De la longue conservation de la colle de poisson dissoute, moyen empirique.

Si on désire conserver fort longtemps la colle de poisson dissoute, on y ajoute un verre d'eau-de-vie par litre et demi du mélange.

Moyens empiriques pour clarifier la bière.

1° *Après la fermentation entièrement achevée.*

Lorsque la fermentation est entièrement terminée, on verse quelques verres d'eau-de-vie dans la bière et elle deviendra bientôt plus claire, même plus limpide et plus forte.

2° *Pour clarifier la bière qui continue à trop fermenter.*

Lorsque la bière prolonge trop sa fermentation et que la colle de poisson n'a point agi efficacement, on prend du blanc d'Es-

pagne de la grosseur d'une noix, ou bien
un morceau de craie qu'on introduit dans la
bière; elle se clarifie de suite par ce moyen.

3º *Pour clarifier la bière après le transport.*

Le transport troublant la bière, pour la
clarifier on verse dans le tonneau une poi-
gnée de sable fin bien lavé, ou bien du sel
brûlé sur une pelle à feu et dissous ensuite
dans de l'eau. On remue avec une vergette
et la bière se clarifie bientôt.

4º *Autre moyen empirique.*

Un moyen qui produit le même effet que
le précédent, consiste à verser dans la bière
de la cendre de bois de tilleul tamisée;
24 heures après, la boisson sera entièrement
claire.

De la conservation des bières.

Causes permanentes d'altération.

Sans parler ici de l'effet désastreux du
contact de l'air, la conservation des bières
ne dépend pas seulement de la quantité
d'alcool produite par la fermentation, ni de
la quantité de houblon employée, quoique
ces deux causes y contribuent comme conditions essentielles, mais bien de ce que la
conservabilité est d'autant plus facile que le

développement de la dernière fermentation, en d'autres termes, la fermentation ultérieure ou tertiaire, est prolongée ou plus longtemps retardée. Toute la théorie de la conservation des bières est basée sur ce principe.

Supposons deux tonneaux de bière provenant d'un même brassin, ayant fermenté dans des conditions égales, et placés, le premier dans un milieu où la température est au-dessous de 0, l'autre dans un milieu d'une température égale à 18 degrés ; dans le premier cas, une force assez puissante, le froid, viendra s'opposer au développement de la fermentation tertiaire ; il pourra même retarder indéfiniment cette fermentation ; dans le second cas, au contraire, un agent énergique, la chaleur, en hâtera le développement, et une fois que tout le sucre aura été converti en alcool, surtout si ce dernier se trouve en trop petite quantité, les produits, en suivant l'ordre naturel des transformations, éprouveront d'abord la fermentation acétique, et même plus tard pourront arriver à la fermentation putride. Pourtant dans notre hypothèse, chacun de ces deux tonneaux contenait les mêmes quantités d'alcool et de houblon.

Ces faits doivent donc nous rendre cer-

tains que plus nous prolongerons la durée
de la fermentation tertiaire, plus nous re-
tarderons l'invasion de la fermentation acétique, et plus, par conséquent, nous assure-
rons la longue et facile conservation des
produits. Chaque brasseur expérimenté con-
naît si bien ces faits qu'il choisit les caves
les plus profondes et les plus froides pour
y emmagasiner les bières de garde ou de
saison, qui ne doivent être livrées à la consommation que fort longtemps après leur
fabrication; il en est de même des bières
courantes et jeunes ; plus elles se trouvent
placées dans des caves froides, ne se ressen-
tant que fort difficilement des changements
de température, plus elles se conservent longtemps; et c'est pour ce motif qu'il arrive
quelquefois que la bière d'un même brassin
s'acidifie ou se détériore dans la cave d'un
client, tandis qu'elle reste bonne ou s'amé-
liore même dans la cave d'un autre.

De la conservation indéfinie des bières.

L'alcool et les principes extractifs du
houblon étant donc deux agents immédiats
de conservation, il en résulte nécessairement que le brasseur a tout intérêt à déve-
lopper l'un et à ajouter l'autre dans ses produits en aussi grande quantité qu'il le faut.

Le premier surtout a pour effet de s'opposer à la trop grande activité de la fermentation tertiaire, puisque les phénomènes de cette fermentation au sein des liquides, sont d'autant plus retardés que ces mêmes liquides contiennent plus d'alcool; le second de ces agents, comme toutes les huiles essentielles, a surtout pour objet de s'opposer au libre développement de la fermentation acide, puis putride.

En effet, sans elles, le gluten éprouverait promptement les phénomènes de la putridité et par conséquent communiquerait aux liquides une saveur et une odeur repoussantes.

Une des premières conditions de conservation est la séparation immédiate des matières qui troublent la transparence des bières après la fermentation. Voyons comment il convient d'opérer, dans l'hypothèse que nous agissons sur des bières dont les deux premières phases de fermentation se sont accomplies aux plus basses températures, c'est-à-dire comme cela se pratique presque toujours à l'égard des bières de garde ou de saison, surtout en Bavière.

Le *soutirage* n'est pas seulement un moyen incomplet; il offre des inconvénients qu'il est nécessaire de signaler en passant. Le premier est d'appauvrir la bière à tel point qu'en pratiquant deux fois de suite cette opération, les produits en ressentent une altération manifeste.

Les causes de cette altération sont faciles à comprendre : d'abord, échappement complet du gaz acide carbonique et évaporation du parfum si délicat, si subtil et si estimé que l'on trouve dans les houblons fins ; ensuite, évaporation d'une portion assez notable d'alcool ; enfin, et par-dessus tout, influence du contact de l'air sur cet alcool même, et sur les corps organiques si mobiles auxquels il est associé dans les bières. Aussi dirons nous, par tous ces motifs, que les soutirages ne devraient jamais être pratiqués que quand ils sont absolument nécessaires, et encore seulement à l'aide de siphons, comme pour certaines bières, telles que la bière de Bavière qu'on soutire dans des barils de débit au moment de la consommation, le faro, certaines bières de garde ou de saison et les bières qu'on veut gazéifier d'après certains procédés qui exigent que cette boisson soit sans lie ou tirée au clair, car les soutirages contribuent, nous le répétons, à l'altération des produits.

Il y a un moyen simple, d'une exécution facile et peu coûteuse, de séparer la lie, tout

en conservant les bières dans l'immobilité ;
c'est d'adapter à la partie inférieure des fûts,
dans le point diamétralement opposé à l'ouverture de la bonde, un robinet qui permet
l'écoulement des résidus de toute espèce à
mesure qu'ils se déposent ; or, ils se déposent
assez vite et d'une manière satisfaisante
lorsque la fabrication s'est opérée dans de
bonnes conditions et avec des matières premières en bon état.

Pourtant, comme l'on rencontre souvent
des produits qui refusent obstinément de se
dépouiller de toutes ces matières, surtout
dans le cas où on a employé le glucose en
proportion considérable, nous proposerions
de soumettre les bières à la clarification de
la colle de poisson, aussitôt qu'elles quittent
les entonneries pour être remisées dans les
caves, afin de les débarrasser ensuite, par le
moyen que nous venons d'indiquer, du dépôt qui sera précipité à la base des tonneaux.

Un autre motif nous fait insister sur la
séparation de ces matières : c'est qu'elles
communiquent aux produits avec lesquels
elles sont en contact, une saveur âcre, très-
désagréable et quelquefois putride, surtout
quand il est resté de la levûre en mélange
avec la lie dans les tonneaux par suite d'une
mauvaise fermentation.

Cependant, dans certaines circonstances, de même que la lie dans la bière la détériore d'autant plus vite qu'il y a excès, de même une bière qui en est complétement dépourvue s'acidifie aussi ; parce que, dans le premier cas, la fermentation insensible a un mouvement trop accéléré ; tandis que dans le second, il y a absence complète de cette fermentation, puisque c'est la lie qui la produit naturellement.

Il ne faut pas croire que le moyen que nous proposons et que nous avons appliqué avec succès, oblige à avoir autant de petits robinets que l'on a de tonneaux, on peut très-bien ne les placer que temporairement, et y substituer un simple bouchon dès que l'opération est terminée ; seulement il est indispensable que les chantiers soient un peu élevés, afin de pouvoir mettre et enlever facilement les robinets. Cette disposition permet de recevoir dans un vase quelconque les résidus, qu'on peut laisser déposer, afin d'utiliser la partie liquide avec laquelle ils sont mélangés. De cette façon, il n'y a aucune perte, et l'opération peut donner les résultats les plus satisfaisants.

Un moyen plus simple encore consiste à placer les tonneaux, la bonde en bas, comme on le fait pour les bières de Bavière, en perforant le bondon pour y adapter une broche ou un robinet, afin d'obtenir l'écoulement des marcs, mais pour cela, il faut que les bondons ne dépassent guère l'épaisseur du bois des tonneaux.

Nous devons encore dire que c'est ordinairement au moment où les bières se dépouillent elles-mêmes de leurs marcs que les parties sucrées qui ont échappé à l'action de la levûre dans les deux périodes de la fermentation, continuent à se transformer en alcool, d'une manière lente, presque imperceptible ; c'est là ce qui constitue la fermentation tertiaire ou insensible, c'est celle qui sera immédiatement suivie de la fermentation acétique, surtout si la quantité d'alcool est insuffisante ou si les tonneaux ne sont pas bien bouchés.

Dans le mode d'opérer suivi ordinairement pour conserver les bières, on peut dire que la conservation finit à l'instant où les dernières traces de principes sucrés ont disparu, puisque, si on ne songe pas à prolonger la durée de la fermentation tertiaire au-delà des limites que lui imposent les diverses circonstances que nous avons énumérées, la bière se détériore ou s'acidifie.

Prenons encore un exemple, et supposons deux tonneaux de bière provenant d'un même brassin, mais placés, pendant tout le cours de la fermentation ultérieure ou tertiaire, l'un dans un milieu où le thermomètre indique 20 degrés, l'autre dans un local où la température ne s'élève pas au-dessus de 5 degrés. Si, dans la première hypothèse, les quantités de sucre restées libres peuvent entretenir la fermentation tertiaire pendant trois mois, la conservation sera certaine pour un temps égal; si dans la seconde supposition, les quantités de sucre restées libres peuvent alimenter la fermentation tertiaire pendant six mois, la conservation sera assurée pour une même période de temps.

Nous disons que là s'arrêtent les limites de la conservation; car, en effet, peu de temps après la terminaison de la fermentation alcoolique apparaîtra la fermentation acétique. Si donc nous pouvons reculer indéfiniment l'époque de la fermentation acétique, nous aurons résolu le problème si délicat et si intéressant de la conservation indéfinie des bières.

Revenons à l'exemple que nous venons de citer; nous avons dit, en parlant du second fût, que si la conservation durait six mois, c'est parce que la quantité de sucre libre était suffisante, à cause de la température ambiante, pour entretenir la fermentation tertiaire pendant un égal laps de temps; en parlant du premier tonneau, que si la conservation durait trois mois seulement, c'était parce que la quantité de sucre était proportionnelle, à cause de l'air environnant plus chaud, et que la fermentation pouvait transformer le sucre en alcool pendant cette même période.

La différence entre les deux limites de conservation tient donc à deux causes et même à trois : à la différence qui existe entre les quantités de sucre que contiennent les produits et les milieux dans lesquels ils sont placés, ainsi qu'à la quantité de lie que contient le tonneau; car plus ces produits renferment de parties sucrées, plus ils se conservent longtemps, comme plus ils sont exposés à une basse température, plus leur conservabilité est prolongée, parce que leur fermentation tertiaire s'exécute d'autant plus lentement que cette température est plus basse et qu'il y a moins de lie.

C'est là une vérité rigoureuse; en effet, si, après la fermentation secondaire ou complémentaire, nous ajoutons dans le premier fût la quantité de sucre nécessaire pour qu'il en renferme autant que le second, et si nous les plaçons tous deux dans des conditions égales, c'est-à-dire dans un milieu ayant la même température, nous verrons le premier fût éprouver la fermentation tertiaire en même temps et aussi longtemps que le second, et les deux liquides se conserver pendant une égale période de temps.

Si l'on voulait prolonger la durée de la fermentation tertiaire, il faudrait, avant qu'elle ne fût terminée, ajouter au liquide une nouvelle quantité de sucre qui pût lui servir d'aliment et par conséquent la prolonger.

Une seule objection peut être opposée à ce mode de conservation : c'est le prix de revient auquel il élève les bières qui en sont l'objet. Nous allons montrer que cette considération est peu sérieuse et que le moyen que nous proposons peut être pratiqué.

Dans quelques localités, et notamment à Paris, on ajoutait autrefois aux bières blanches dites de Strasbourg, après la fermentation, dans le but de les conserver, un litre d'alcool par hectolitre de bière, soit une valeur de 2 à 2 fr. 40 ; or, pour ce prix, on peut avoir 2 kilogrammes de sucre brut pouvant suffire, sans trop augmenter le prix des produits, à quatre remplissages successifs, à l'effet de prolonger la durée de la fermentation tertiaire pendant six ou huit mois. Si nous examinons plus attentivement la question d'économie, nous verrons même qu'il y a avantage à procéder ainsi ; en effet, si 100 kilogrammes de sucre brut produisent par la fermentation 65 litres d'alcool, 1 kilogramme en produira 0 litre 65, soit pour les 2 kilogrammes dont nous conseillons l'emploi 1 litre 30 ; c'est-à-dire que pour un prix égal, nous aurons introduit 0 litre 50 d'alcool de plus dans chaque hectolitre de bière (voir aussi la gazéification des bières pour leur conservation).

Du collage et de la conservation des bières.

Certaines bières tournent à l'aigre plus ou moins promptement ; les unes, au bout de quelques semaines de fabrication, principalement pendant les chaleurs de l'été et au moment de la floraison, les autres après quelques mois de conservation dans des fûts.

La chimie sait et explique que cette altération est due à l'acétification de l'alcool, qui est produite nécessairement par un mouvement de fermentation, excité par la présence, dans la bière, d'une quantité plus ou moins considérable de lie qui la trouble et développe immédiatement de l'acide acétique, surtout par le contact de l'air atmosphérique.

La composition qu'on vient d'imaginer peut éviter et prévenir cette altération et la faire disparaître immédiatement.

La manière de l'employer est simple, à la portée de toutes les intelligences, et les expériences qu'on a entreprises, jusqu'à ce jour, font présumer qu'elle devra être employée avec efficacité dans la fabrication des bières.

On a demandé un brevet d'invention, non-seulement pour la composition ou le produit chimique qu'on a imaginé, mais encore pour l'invention et l'application de ce produit au collage et à la conservation de la bière et au rétablissement de celle qui est aigre et même légèrement putride.

Voici la composition et la manière de l'employer :

90 grammes de bicarbonate de soude.
 5   —   de carbonate de magnésie.
 1   —   d'iris.
 1   —   de cannelle.
 3   —   de réglisse.

Total 100 grammes pour 10 hectolitres de bière, fabriquée et jaugée dans le brassin après la cuisson complète.

Premier moyen ou pendant le brassage.

Toutes les matières, pulvérisées et mélangées ensemble par les procédés ordinaires, sont projetées par petites parties, après la cuisson complète de la bière et au moment de la décanter et de la transvaser dans les bacs refroidissoirs.

Ce moyen dispense d'employer le collage ultérieur, et on insiste beaucoup sur l'emploi de cette substance pendant la fabrication, qui permet de recueillir une plus grande quantité de levûre, et de précipiter ou de retirer, pendant la fermentation, la plus grande partie des matières étrangères qui troublent la transparence de la bière, y développent de l'acide acétique ou la font aigrir.

Mais on doit effectuer, pour l'emploi de cette substance, la fermentation par dépôt que l'on pratique en Bavière et qui réussit toujours, lorsqu'on a pris toutes les précautions nécessaires.

On doit remarquer en passant les soins et les précautions à prendre pour opérer une fermentation alcoolique favorable à la conservation de la bière; ces précautions sont rigoureusement indispensables à peine d'insuccès, tandis qu'en employant bien cette substance, la réussite est toujours certaine, inévitable, si la cuisson de la bière a été bien conduite.

Second moyen ou après le brassage.

Pour faire revenir la bière altérée, il faut faire dissoudre dans un demi-litre d'eau froide 15 grammes de la substance ci-dessus pour un hectolitre de liquide altéré.

On introduit ce mélange par la bonde du tonneau dans lequel la bière est renfermée, en le distribuant en trois ou quatre fois et le mélangeant avec un bâton. La bière se trouble alors, mais elle reprend bientôt, après quelques instants de repos, la limpidité et le goût, *sui generis*, qu'elle possédait avant toute altération.

On peut traiter ainsi toutes les bières, même celles mises en bouteilles, et pour la facilité et la promptitude de l'opération, il est convenable de les transvaser dans un tonneau et de les traiter comme il a été dit, en observant toutefois, les proportions indiquées.

Moyen empirique pour empêcher la corruption de la bière brassée en été.

Voici la composition d'un sirop propre à empêcher la corruption de la bière brassée pendant les chaleurs.

Pour 60 hectolitres de bière brune :

 10 kilogrammes de sel raffiné ;
 500 grammes d'alun de Rome ;
 500 grammes de crême de tartre.

On jette le tout dans un chaudron contenant environ 50 litres d'eau, et on fait subir à ces trois substances une courte ébullition ; lorsque l'on voit que le tout est bien fondu, on retire du chaudron tout le liquide que l'on transvase dans une petite cuve ; on prend alors vingt kilogrammes de cassonade brune, exempte de mauvais goût, que l'on jette dans le chaudron, on le chauffe jusqu'à consistance de caramel ; quand il a atteint ce degré, on prend l'eau préparée de la petite cuve et on la renverse peu à peu sur le sucre caramélisé, tout en le mouvant avec une spatule de bois jusqu'au moment où l'eau préparée soit bien mêlée, afin que le tout forme un sirop.

Cette dose ainsi préparée pour un brassin de 60 hectolitres de bière brune doit être jetée dans la chaudière lors de la première ébullition du moût.

La composition de ce sirop conservateur est la même pour 60 hectolitres de bière blanche, excepté que l'on emploie de la cassonade blanche, franche de goût, à laquelle on ne fait subir aucune cuisson; on la jette simplement dans une eau salée, tartarisée et alunée, afin de ne pas colorer la bière.

La composition de ce sirop a la propriété d'empêcher toutes les bières, en général, brassées pendant les plus grandes chaleurs de l'été de se corrompre; de tomber acides lorsqu'elles demandent à être gardées un temps illimité, et de tomber plates lorsqu'elles sont en vidange dans les tonneaux.

Nous ne garantissons cependant en rien l'efficacité de ce sirop, nous le donnons sous bénéfice d'inventaire. D'ailleurs, ce qui ne va pas à l'un peut très-bien aller à l'autre.

Manière de rendre la bière inaltérable et gazeuse.

M. Cantillon, à Diest, s'est fait breveter pour un moyen propre à rendre la bière inaltérable et gazeuse.

L'invention consiste à renfermer la bière dans des tonneaux spéciaux renforcés ou à pression hermétiquement clos, et à faire dissoudre dans le liquide deux à trois fois son volume de gaz acide carbonique ; l'imperméabilité à l'air rendra la bière inaltérable, et la dissolution de l'acide carbonique la rendra effervescente.

La pression du gaz acide carbonique dans l'intérieur des tonneaux aura, en outre, pour but de faire écouler la bière sans la mettre en contact avec la pression atmosphérique.

Pour que la bière mise dans les tonneaux ne soit plus sujette à former de dépôt, elle sera introduite, après son écoulement des réfrigérants, dans un grand réservoir de même forme que les tonneaux et sera de là transvasée, sous la même pression que celle du réservoir, dans les petits tonneaux, de manière qu'elle reste effervescente. (Voir les autres moyens de gazéifier la bière.)

Des bières moins exposées à s'altérer.

Une bière est d'autant moins exposée à s'altérer qu'elle est plus riche en alcool, plus fortement houblonnée, plus claire, plus complétement préservée du contact de l'air, plus la fermentation tertiaire est prolongée, etc.

L'alcool, en quantité suffisante, exerce

une action contraire à la décomposition. Sans le houblon, la bière ne pourrait pas devenir bien claire, parce qu'il y resterait en dissolution une trop grande quantité de substances albuminoïdes, et cette boisson se décomposerait rapidement et deviendrait même putride.

Une conséquence de la préservation incomplète du contact de l'air, est la formation d'une certaine quantité d'acide acétique.

De l'acide acétique.

On a affirmé qu'il se formait déjà de l'acide acétique dans le maltage, le brassage et la fermentation des bières ; cette assertion ne paraît pas même douteuse, et tout démontre que cet acide, quand on le rencontre dans la bière, n'est dû assez souvent qu'à une mauvaise fabrication, qu'à l'oubli des précautions et des soins qu'exige cette boisson, pendant comme après sa fabrication.

Dans tous les cas, la quantité d'acide qui se forme ainsi, est souvent très-faible en commençant et une bière qui renferme déjà un demi pour cent d'acide acétique n'est plus potable. On a constaté aussi que quelques bières du commerce en renferment depuis huit millièmes jusqu'à douze pour cent.

Le contact de l'air n'est donc pas la seule cause par laquelle la bière devient aigre. Celle-ci peut contracter une saveur acide par le défaut de propreté des vases où on la prépare, par une température trop élevée, soit extérieure, soit à l'intérieur des cuves-guilloires, soit enfin par l'état électrique de l'atmosphère. On peut très-bien remédier aux deux premières causes par des soins de propreté et par des abaissements de température, et il est présumable qu'on préviendrait aussi les funestes effets de l'électricité atmosphérique à l'aide des moyens physiques qui en détourneraient ou en anéantiraient les mauvaises conséquences.

Une autre cause encore qui fait aigrir la bière est l'oxydation ou acétification des matières azotées pendant le brassage et l'oxydation de l'alcool pendant et après la fermentation; il faut donc agir de manière que cette fermentation ne puisse dépasser 20 degrés, au-dessus desquels commence l'oxydation; tandis qu'au contraire, c'est par une chaleur trop peu élevée et surtout par le refroidissement des matières premières pendant les travaux dans la cuve de macération que se produit l'acidification des matières azotées.

Les bières qui tendent à l'acidité lors de la fermentation, ne tardent pas souvent à coaguler une partie de la puissance fermentescible, et à en arrêter les progrès. Dans ce cas, il suffit de saturer le peu d'acide formé, et, si la bière contient encore assez de ferment, elle reprend naturellement son premier mouvement de fermentation.

Si dans un autre cas la bière prend de l'acidité, parce que le ferment domine, on sature d'abord l'acide formé, et on ajoute à la bière quelque portion de sucre ; par ce moyen on entretient la fermentation, on force le ferment à exercer son action sur la matière sucrée et à produire de l'alcool et du gaz acide carbonique, au lieu de produire de l'acide acétique en portant son effet sur les autres principes constituants de la boisson.

On sature l'acide à l'aide des cendres lessivées, des alcalis. Il faut éviter autant que possible l'emploi de la litharge et d'autres préparations de plomb, comme étant très-insalubres et même très-nuisibles à la santé.

De l'acétification spontanée des bières.

Ainsi l'acidification est donc la maladie à laquelle la bière est la plus sujette ; elle est

souvent l'effet d'une fermentation négligée
ou mal opérée. Elle est aussi l'effet d'une
suite de la puissance de la fermentation en-
vers les principes constituants de la bière,
après avoir décomposé sa partie sucrée. La
cause de l'acidification est encore due au
peu de principes généreux ou alcooliques
de la bière, ou plutôt de leur dégénération,
ainsi qu'à l'inconstance de la température,
au contact de l'air et aux diverses commo-
tions qu'elle reçoit, etc., etc.

1º La bière dans sa fermentation prend
d'autant plus vite de l'aigreur, qu'elle fermente peu ou qu'elle éprouve des variations
d'activité ; de là, l'avantage de faire éprouver une fermentation lente, mais toujours
régulière et à l'aide d'une température convenable ;

2º La bière passe à l'acidification après sa
fabrication, parce que la puissance fermentescible existe encore dans les molécules
qui la composent, et qui, ne trouvant plus
de sucre à convertir en alcool, attaquent
l'alcool lui-même, ainsi que les autres principes constituants qu'elle fait tourner à
l'acide : de là, l'avantage de clarifier et
même de soufrer la bière pour détruire le
ferment, ou mieux de lui ajouter de nouvelles parties sucrées pour la nourrir.

3º L'aigreur est encore due au peu de principes spiritueux contenus dans la bière : si cet alcool est en trop petite quantité, il ne peut plus servir à conserver les autres principes constituants, attendu qu'étant obligé de diviser ses forces conservatrices, il s'affaiblit trop et se décompose en acide : de là l'avantage d'avoir des bières d'une très-longue conservation, de n'employer pour leur fabrication que des matières riches en principes sucrés ou de leur ajouter après leur achèvement une certaine partie de sucre ou même un peu d'eau-de-vie ou d'alcool, quand les principes spiritueux leur manquent.

4º La bière prend de l'aigreur par l'effet de l'inconstance de la température, qui rétablit un trop fort mouvement de fermentation tertiaire dans ses molécules, après qu'elle a reçu la dernière élaboration de la fermentation principale : de là la nécessité de déposer les bières dans des endroits d'une température moindre que celle qui établit naturellement le mouvement fermentescible, tels que des caves profondes.

5º La bière est plate ou éventée, et elle prend de l'acide, parce qu'elle reçoit l'action de l'air atmosphérique dans les vases qui la contiennent : de là l'avantage de tenir les tonneaux pleins et bouchés hermétiquement.

6° La bière s'aigrit quelquefois parce qu'elle repose sur des chantiers ou sur un plancher mobiles. La bière étant souvent agitée, ses lies se déplacent, se mêlent dans la bière et lui rétablissent un trop fort mouvement de fermentation tertiaire qui altère ses principes, dès que le sucre lui manque.

7° Elle s'aigrit encore quand on n'a pas employé assez de houblon ou d'assez bonne qualité, ou encore lorsque, avec le temps, sa vertu s'épuise : de là l'avantage d'ajouter à la bière une suffisante quantité de bon houblon ou de la gazéifier, selon les circonstances.

8° Il existe encore une autre cause qui donne lieu à l'acétification, c'est l'époque de l'année où la chaleur se renouvelle; c'est celle de la végétation, époque où les végétaux croissent avec le plus de vigueur. La bière, à cette époque, éprouve assez souvent un plus fort mouvement de fermentation tertiaire qui, faute de sucre suffisant, bouleverse sa constitution, et si on ne s'empresse pas de lui fournir une matière saccharine ou de diminuer sa puissance fermentescible par la clarification ou par le soufrage, elle ne tarde pas à s'altérer.

De la différence entre la bière jeune et la bière de garde ou de saison quant à l'acétification.

Lorque l'alcool est étendu, comme il l'est dans la bière, et qu'il se trouve en contact avec des molécules qui sont à l'état d'activité chimique, il se transforme par l'action de l'oxygène de l'air en acide acétique. La production du vinaigre par procédé rapide en est un exemple. Il existe dans la bière une quantité abondante de molécules en mouvement. Il s'y trouve de l'alcool : il est donc seulement besoin que l'air ait accès pour qu'il puisse se produire du vinaigre.

Il se produit de l'acide acétique dans toutes les bières dès qu'elles sont exposées au contact de l'air, mais c'est dans les bières jeunes ou courantes que cette production s'effectue le plus rapidement pendant les fortes chaleurs de l'été.

Les bières de garde ou de saison qui, par l'emploi de bonnes matières premières en quantité suffisante, contiennent une portion plus forte d'alcool et d'huile essentielle du houblon, sont souvent moins exposées à devenir aigres quand elles sont remisées dans des caves bien fraîches ; cependant dès qu'elles sont en contact avec l'air, il doit s'y produire de l'acide acétique.

Les bières peuvent devenir aigres aussi bien dans les bouteilles que dans les tonneaux si elles ne sont pas bien bouchées.

C'est donc, comme nous l'avons déjà dit, l'acide acétique qui rend la bière aigre, et cette saveur qu'il donne à la bière, ne doit pas être confondue avec la saveur acidule que l'on observe principalement dans les bières de garde ou de saison et qui provient de la présence d'une certaine quantité d'acide lactique et d'une plus grande dose d'alcool.

Quelquefois les bières peuvent devenir aigres même dans des tonneaux bien fermés quand, en remplissant de bière les tonneaux pour pouvoir, après que la fermentation complémentaire est terminée, transvaser la bière plus claire dans d'autres tonneaux, on n'a pas eu soin de la maintenir autant que possible à l'abri du contact de l'air, lorsqu'elle a une tendance à l'acétification. Cela peut aussi arriver quand on a laissé la bière séjourner longtemps dans des tonneaux partiellement remplis, parce que l'air remplace le liquide manquant, surtout lorsque la température de la cave n'est pas suffisamment basse. Dans des cruches, des

— 44 —

bouteilles ou des flacons hermétiquement
fermés, il est presque impossible que la
bonne bière devienne acide, parce que l'air
qui est nécessaire pour transformer l'alcool
en acide acétique ne peut y avoir accès.
C'est pour ce motif que la bouteille bonifie
la bière ainsi que les cruchons et les flacons
hermétiquement fermés.

**Des moyens de préserver les bières de
garde contre l'acétification et de les rétablir quand elles deviennent aigres.**

Les espèces de bières désignées sous le
nom de bières de garde ou de saison sont
fabriquées, ainsi que leur nom l'indique,
pendant la saison la plus favorable à la fabrication, afin d'avoir, dans les mois chauds
de l'année, une bière irréprochable.

Toutefois, leur plus grande conservation
dépend non-seulement de l'emploi de bonnes
matières premières, non-seulement d'un procédé exact de brassage et de fermentation,
quand on les fait fermenter (1), et de caves
bien fraîches, mais encore de ce que, dans
cette fabrication, aucune économie mal en-

____

(1) Il y a des brasseurs qui ne livrent aucunement à la
fermentation leurs bières de garde, mais elles n'ont
jamais cette finesse de goût des bières qui ont fermenté.

tendue n'ait été faite, et, par l'emploi d'une quantité suffisante de malt et de houblon, que la bière ait reçu une concentration suffisante.

Cette dernière circonstance, qui est complétement et en première ligne au pouvoir de chaque brasseur, n'est cependant pas toujours observée, et il arrive assez souvent le cas qu'une bière destinée pour un certain temps de conservation, avant même de venir à la consommation, se trouve en voie de détérioration.

Mais, même avec des bières de garde bien brassées, cet inconvénient peut se produire lorsque la bière n'a pas été mise en tonneaux, assez délivrée de lie et de levûre, et lorsque en outre elle a séjourné dans une cave ou dans une partie de cave qui n'était pas suffisamment fraîche ou trop sous l'influence des divers changements de température, comme près d'un soupirail, de sorte que dans ces causes doit être trouvée la raison que la bière, par une marche trop prompte de la fermentation ultérieure ou tertiaire, se détériore, acquiert un goût acide, et enfin se perd tout à fait.

Il est donc nécessaire, lorsque cette circonstance se présente, de mettre de nouveau dans son état primitif une bière où tout

l'extrait de malt a été décomposé afin que
la fermentation ultérieure ou tertiaire recommence de nouveau, et de lui donner par
là une nouvelle conservabilité en la garan-
tissant contre l'acétification. Un des meilleurs moyens pour cela, est de lui ajouter
du sucre, ce qu'on exécute de la manière la
plus simple au moyen de sirop de fécule ou
de sucre de cannes, etc.

Lors donc, en supposant que le brasseur
veille attentivement au traitement de ses
bières de garde en caves, qu'il s'apercevra
que tels tonneaux, par un essai au saccharimètre, ne renferme plus une quantité suffisante d'extrait pour alimenter la fermentation tertiaire ou insensible, il ne doit pas
hésiter à procéder à une addition de matière saccharine, quand ces bières ne peuvent pas être livrées immédiatement à la
consommation. Cependant, nous devons ici
faire remarquer que la bière pour laquelle
ce moyen de conservation peut être employé doit contenir encore un peu de sucre
non décomposé, et par conséquent qu'elle
ne doit accuser aucune trace de formation
d'acide acétique.

Voici comment on opère :

Nous avons dit plus haut que c'est seulement en employant le saccharimètre qu'on

peut avoir une connaissance exacte de l'état d'atténuation de la bière, et que c'est le seul moyen de déterminer avec exactitude le moment où il faut ajouter à cette boisson un aliment pour la fermentation insensible ou tertiaire, afin de la préserver de l'acidification.

Supposons à présent qu'une bière préparée avec du moût de 12 pour cent d'extrait s'est atténuée par la fermentation ultérieure ou tertiaire à 3 pour cent d'extrait. Son degré d'atténuation sera donc de 75 pour cent, et la bière ainsi sera arrivée dans la phase où elle doit être consommée, parce qu'elle touche de près aux extrêmes limites de la conservabilité.

Pour pouvoir conserver plus longtemps encore une telle bière sans danger jusqu'à ce qu'elle puisse être livrée à la consommation, on prépare une dissolution dans l'eau froide de sirop de fécule ou de cassonade en lui donnant une concentration de 12 à 13 pour cent au saccharimètre.

Des tonneaux de bière de garde qui se trouvent dans ce cas et destinés par conséquent à être revivifiés, on soutire une partie du contenu dans des tonneaux frais. Pour le succès de l'opération, peu importe la quantité soutirée, mais il n'en est pas de

même pour la conservabilité de la bière, ou
pour dire mieux, pour la durée de son action. Si l'on croit que les bières seront mises
en consommation dans l'intervalle de quelques semaines, on n'a pas besoin d'une
grande quantité de cette addition sucrée ; il
suffit pour chaque hectolitre de soutirer 5 à
6 litres de bière et de remplacer cette quantité par un mélange sucré. Mais lorsqu'il
s'agit de conserver plus longtemps encore
la bière sans avoir recours cette fois à la
même opération, on doit, pour chaque hectolitre de bière, y ajouter encore 12 à 20 litres de ce mélange, selon le temps plus ou
moins long pendant lequel on veut la garder.

Pour opérer le mélange complet de cette
addition avec la bière, dès qu'on l'a mise
dans les tonneaux, on doit soutirer de ces
divers tonneaux un ou plusieurs hectolitres
de bière qu'on reverse aussitôt de haut dans
les tonneaux, de manière à les remplir de
nouveau. Puis on remet légèrement le bondon.

Comme ce mélange ne renferme aucune
substance provoquant la fermentation ultérieure ou tertiaire, celle-ci, il est vrai, se
fera un peu attendre, mais elle se produira
pourtant par la présence de la lie qui se
trouve dans les tonneaux ; c'est ce qui de-

viendra manifeste par le dégagement du gaz acide carbonique et par une écume fine et blanche à la surface de la bière, ainsi que par une mousse persistante.

On peut aussi, d'une manière semblable, diminuer le degré d'atténuation d'une bière de garde affaiblie par l'âge, et élever proportionnellement son contenu d'extrait en rendant par là la bière plus forte, sans augmenter la quantité de mélange, en donnant à la portion sucrée qui doit être employée une concentration plus forte, comme de 15 à 18 pour cent.

D'une autre manière de préserver les bières contre l'acétification.

On peut aussi, pour aider la fermentation tertiaire d'une bière de garde ou de saison, dont cette opération est déjà très-avancée, employer, au lieu du mélange sucré précité, du moût fraîchement brassé et refroidi le plus possible, même au moyen de la glace à 8 ou 9 degrés centigrades et de 12 à 13 pour cent d'extrait, ou bien de la bière préparée avec le moût, fermentée le plus faiblement possible, mais entonnée très-claire qu'on mélange avec la bière à préserver. Il va de soi que lorsqu'on ajoute de la bière fraîchement fermentée, la conservabilité de la bière de garde n'est pas de la même durée qu'en employant la même quantité de moût non fermenté. Au contraire, par cette addition, la fermentation ultérieure a une marche plus prompte, et la bière de garde traitée ainsi peut être livrée plus tôt à la consommation.

Du moyen de désacidifier ou de rétablir les bières devenues aigres.

Après avoir démontré et indiqué comment on peut préserver de l'acidification les bières dont la fermentation ultérieure ou insensible est très-avancée, nous devons aussi donner la manière de procéder pour rendre potables les bières qui, par suite du manque de soin dans la cave ou par d'autres circonstances, ont été atteintes déjà par la fermentation acétique.

Ce moyen consiste dans l'emploi du bicarbonate de soude (1) qui possède la propriété d'absorber tous les acides qui se trouvent dans la bière, à l'exception de l'acide carbonique, en se combinant avec ces acides et en enlevant aux bières leur goût aigre. Le bicarbonate de soude doit être employé en poudre fine.

____

(1) Lé bicarbonate de soude n'existe point dans la nature, c'est un produit chimique.

Pour déterminer la quantité de bicarbonate de soude pour une certaine quantité de bière en cet état, on se sert du papier de tournesol, qui est de couleur bleue et qui se vend dans toutes les pharmacies; ce papier, plongé dans un liquide contenant de l'acide, devient rouge instantanément. Cet essai s'opère de la manière suivante :

Dans un litre de la bière à traiter, on verse d'abord 1/4 de gramme de bicarbonate de soude, et on remue parfaitement avec un bâton; l'effervescence se produit et le gaz acide carbonique produit par le bicarbonate de soude se dégage. Alors on plonge un bout de papier de tournesol dans la bière, et si ce papier devient rouge et qu'il conserve cette nuance, même après avoir été chauffé, on doit ajouter à la bière, mais dans les quantités toujours les moindres possibles, et dont on note le poids exactement, assez de bicarbonate de soude jusqu'à ce que le papier de tournesol placé dans la bière et ensuite chauffé, n'accuse plus aucune coloration rouge.

Puisque le papier de tournesol possède la propriété d'être rougi par tous les acides et par conséquent aussi par le gaz acide carbonique qui se trouve dans la bière, mais qu'en chauffant le papier, la coloration dé-

terminée par l'acide carbonique disparaît,
tandis que celle provoquée par l'acide acétique reste, on peut, de cette manière, découvrir facilement, au moyen du papier de
tournesol, toutes traces d'acide acétique
dans la bière.

Ayant trouvé, en procédant ainsi, la proportion de bicarbonate de soude pour un
litre de bière, il est facile de calculer, après
cela, la quantité nécessaire pour tous les
tonneaux. Toutefois, en aucun cas, on ne
doit ajouter plus de bicarbonate de soude
qu'il est nécessaire pour la quantité de
bière à désacidifier, car autrement elle con-
tracterait un goût étrange et désagréable.

On transvase ensuite la bière qu'on doit
désacidifier dans un autre tonneau propre
qu'on ne remplit d'abord qu'à moitié, et on
mélange la quantité qu'on a calculée de bicarbonate de soude finement pulvérisé dans
un baquet ou un chaudron avec un peu de
bière. On verse le mélange tout d'une
fois dans le tonneau qu'on agite assez longtemps pour que le tout soit bien dissous, et
on remplit le tonneau peu à peu avec de la
bière, en attendant toujours cependant la
fin de l'effervescence qui se manifeste, afin
que la bière ne se répande pas au dehors, Si
l'essai fait avec un litre a été accompli soi-

gneusement, toute la bière du tonneau sera complétement désacidifiée.

Comme l'acétification de la bière ne s'opère qu'aux dépens de l'alcool, la bière délivrée de cette manière de son acide sera toujours un peu moins alcoolique, et aussi comme une telle bière, sans un secours étranger, deviendrait bientôt acide de nouveau, il faut, afin que la fermentation ultérieure ou tertiaire continue, lui ajouter aussitôt un nouvel aliment.

Cet aliment peut consister ou en une addition de sirop de fécule ou de cassonade, ou dans l'addition de moût non fermenté, mélangé avec une quantité proportionnelle de kræusenbier ; mais il est nécessaire encore de donner, tant à la dissolution qu'au moût, une concentration plus forte qu'habituellement. Si on emploie, au contraire, de la bière fraîchement fermentée, il est alors nécessaire de doubler la quantité de l'addition en diminuant en même temps la quantité de kræusenbier.

Pour déterminer la proportion entre l'addition sucrée et le kræusenbier, on ne peut prendre pour règle que le degré d'acétification complète d'un hectolitre de bière ; si l'on a dû prendre plus de 60 grammes de bicarbonate de soude, il faut ajouter alors un tiers de mélange sucré et deux tiers de kræusenbier ; mais si, pour désacidifier 100 litres de bière, il a fallu employer 90 grammes et plus de bicarbonate, alors la précaution exige de faire usage proportionnellement d'une quantité plus forte de kræusenbier, afin de provoquer plus promptement la fermentation ultérieure ou tertiaire. Toujours, cependant, le moût pour le kræusenbier doit avoir la plus grande concentration qu'on puisse lui donner avant la fermentation, par une addition proportionnelle de sirop ou de cassonade, etc.

Une telle bière, quelques jours après le traitement, et quand elle a acquis un meilleur goût, doit être livrée à la consommation, tandis qu'une autre qui contenait moins d'acide, après s'être améliorée de la manière indiquée, peut encore, au besoin, être conservée quelque temps.

Dans tous les cas, les tonneaux doivent être maintenus pleins, et, aussitôt que cela sera possible, solidement bondés.

Cependant, si l'acidité d'une bière est avancée à ce point que 150 à 160 grammes de bicarbonate de soude n'ont pu désacidifier 100 litres de cette bière, il n'y a plus de remède par ce moyen.

Il est à remarquer encore qu'une bière

devenue aigre, si en même temps elle a perdu sa limpidité avant d'être désacidifiée par le bicarbonate de soude et additionnée aussi d'une proportion nouvelle de sucre, sirop, moût ou kræusenbier, pourrait encore être transvasée dans un tonneau à copeaux; sinon, si, par une nouvelle fermentation ultérieure ou insensible la bière ne se clarifie pas, il faut y suppléer, avant de procéder au bondonnage du tonneau, par une solution de colle de poisson, c'est-à-dire par le collage.

Du remède contre l'acidité des bières trop longtemps en perce, ainsi que des bières devenues aigres à l'avance.

C'est principalement aussi l'introduction de l'air dans le tonneau, surtout en été, quand il est trop longtemps en perce et qu'on y tire de la bière, qui est une des causes qu'elle devient aigre, comme aussi le cas peut se présenter que, malgré toutes les précautions qu'on prenne, on a de la bière qui contracte un goût aigre plus ou moins fort, qu'on masque souvent un peu en y mettant tout simplement plus ou moins de matière sucrée immédiatement avant, ou peu de jours avant de la livrer à la consommation; mais il arrive, pour différents mo-

tifs, que la bière soit si aigre que cette addition de sucre ne suffise pas encore pour la
rendre potable; alors on a parfois recours
au sesquicarbonate de soude (1) pour saturer
l'acide qui s'est formé. Ce sesquicarbonate
de soude qu'on emploie beaucoup en Angleterre pour la préparation d'une boisson
artificielle qu'on nomme *sodawater*, sert aussi
en Allemagne pour corriger l'acidité des
bières aigres. Le sesquicarbonate de soude
qu'on emploie pour cela, n'est autre chose
que le natron. Zimmerman dit que l'emploi
du natron est le meilleur moyen pour rétablir une bière aigre et qu'employé jusqu'à la
proportion d'un quart de kilogramme par
tonneau de 120 à 150 litres, il ne donne pas
de saveur désagréable à la bière; or, elle
doit être bien aigre pour qu'on doive en employer une si forte proportion pour saturer
l'acidité. Ordinairement aussi, dans ce cas,
l'on ajoute un peu de sucre ou de sirop pour
rétablir sa saveur primitive, autant que faire
se peut, et l'on donne en même temps un
fort collage à la bière, après quoi on la livre
immédiatement aux consommateurs.

On emploie aussi quelquefois, pour guérir

---

(1) Le sesquicarbonate de soude se trouve dans certains
lacs d'où on le retire pour le livrer au commerce.

les bières aigres, la craie, la chaux et le blanc de Meudon ; mais ces substances rendent cette boisson rude, indigeste et lui donnent en même temps une saveur peu agréable, et ce remède pourrait quelquefois être pire que le mal.

Le bisulfite de chaux, au contraire, est efficace pour prévenir et guérir l'acidité des bières. Les effets désastreux de la fermentation acétique et les difficultés d'empêcher les bières trop longtemps en perce de devenir aigres, surtout pendant les chaleurs de l'été, sont bien connus de tous les brasseurs et marchands de bières.

Ces difficultés ont été parfaitement surmontées par l'emploi de cet agent actif, mais inoffensif.

Du moyen empirique contre l'aigrissement de la bière avant son entier refroidissement dans les bacs.

On introduit dans la bière, avant son entier refroidissement, quelques copeaux de bois de pin coupés de la longueur d'un pied et de la largeur de deux ou trois doigts, la bière ainsi modifiée ne tourne pas à l'aigre.

Du moyen empirique contre l'acidité de la bière en toute saison, pendant la fermentation.

Pendant la fermentation, on y fait une petite addition de grande centaurée, dans un petit sac de toile que l'on retire aussitôt que la fermentation est achevée, et ainsi, la bière n'aigrit pas.

Du moyen empirique contre l'acidité de la bière avant la fermentation terminée.

On délaye une demi-once de magnésie dans un demi-litre de bière; on verse le mélange dans le tonneau avant la fin de la fermentation et sans aucunement remuer la bière.

La fermentation achevée, on fait un mélange de trois onces de bon houblon dans un litre d'eau, on laisse infuser pendant dix minutes dans l'eau bouillante, on laisse refroidir et on verse dans le tonneau. C'est un des meilleurs moyens qu'on ait trouvés jusqu'ici contre cet accident des bières.

Du moyen empirique pour empêcher la bière d'aigrir, de devenir grisâtre ou épaisse après la fermentation terminée.

Il suffit d'employer une once de cristal minéral qu'on partage entre six hectolitres de bière, après la fermentation achevée, pour obtenir ce résultat.

Du moyen empirique contre l'acidité des bières trop longtemps en perce.

Pour empêcher la bière de s'aigrir par un trop long tirage, on prend quatre onces de bon houblon qu'on met dans le fût, on ferme le tonneau hermétiquement et on laisse reposer. La bière se boira bonne jusqu'au dernier verre.

Des bières tombées et du moyen d'y remédier.

La qualité défectueuse des céréales de certaines années et l'épuisement incomplet des matières premières pendant le brassage, expliquent déjà cet accident tout aussi bien que le peu de force du produit non assez houblonné ; car une bière trop faible, surtout brassée en mauvaise saison, ou pendant les chaleurs de l'été, ne sait supporter le moindre contact de l'air atmosphérique sans se détériorer; aussi les brasseurs qui ne savent pas épuiser complétement le malt ou le saccharifier convenablement, ont souvent des bières qui tombent.

A différentes reprises, nous avons déjà exposé tous les nombreux avantages que peut procurer l'emploi des matières saccharines; dans ce cas, nous recommandons ce même moyen, comme étant le plus propre à rétablir les bières tombées et à leur donner la mousse, la vie et le grimpant nécessaires. Nous pourrions ajouter la force qui leur est si indispensable; car, ainsi que chacun le sait, ce qui donne cette qualité à la bière, c'est la présence d'une certaine proportion de sucre non encore transformé en alcool et en acide carbonique, ainsi qu'une plus grande quantité d'alcool qui se trouve dans sa composition à l'avance.

Pour achever de remonter une bière tombée, et par conséquent plus ou moins trouble, un moyen souverain est encore le filtrage par les copeaux de hêtre ou de noisetier. D'ordinaire, ce procédé est d'une grande efficacité, et son action d'autant plus prompte et d'autant plus complète que la détérioration est moins grave.

La manière la plus convenable de faire reparaître l'arôme du houblon, consiste à

en préparer un extrait (1) dans une dissolution de sirop de canne. De telle sorte que
tout en procurant à une boisson compromise, la mousse et la force qui lui man-
quaient, on aura aussi fait reparaître son
amertume et son arôme primitifs.

Il va sans dire que la dissolution sucrée
d'extrait de houblon devra être incorporée
au liquide malade quelque temps avant de
le soumettre aux copeaux de hêtre : opération qui ne doit se pratiquer qu'un peu
avant la mise en consommation. Comme les
tonneaux où sont disposés ces copeaux peuvent demeurer bouchés, il n'y a pas de danger que les huiles essentielles du houblon

(1) Les extraits de houblon s'obtiennent à l'aide d'une
petite chaudière auxiliaire contenant 2, 3, 4 ou 5 hectolitres et plus, selon l'importance de la bière détério-
rée. Dans cette chaudière remplie d'eau, on délaie une
quantité de sirop de canne suffisante pour que le
liquide marque 2 ou 3 degrés au saccharimètre. Après
quoi, on élève la température de 80 à 90 degrés centigrades environ. A ce moment, on incorpore dans cette
petite chaudière la dose de houblon reconnue convenable. Le houblon étant resté dans la petite chaudière
le temps voulu pour la dissolution ou l'infusion de ses
parties actives, on passe le liquide à travers un filtre
et on le verse dans des tonneaux bien nettoyés. On
bondonne ces tonneaux et on laisse refroidir. Ensuite
on soutire l'extrait ainsi obtenu et on le mélange à la
bière tombée.

s'évaporent. La bière pourra donc être conduite chez les clients dans de bonnes conditions. Ceux-ci la trouveront mousseuse, suffisamment amère et possédant la bouche et la force désirables.

Des bières plates et des moyens de les guérir.

Dans quelques circonstances, les bières, au lieu de présenter une saveur franchement alcoolique un peu sucrée et fraîche, ne possèdent plus qu'un goût fade et un déboire peu agréable. Dans ce cas, on dit que les bières sont *plates*.

Une bière est fade quand les éléments qui doivent lui fournir le sucre, l'alcool et le gaz acide carbonique ne lui ont été administrés qu'en quantité insuffisante, que le gaz acide carbonique qui s'était formé s'est dégagé et qu'il ne peut s'en former de nouveau. Dans de telles circonstances, la bière devient une liqueur fade et insipide, ou bien, par un trop long séjour dans les caves, elle peut avoir perdu ses principales qualités, le sucre ou la lie y étant complétement épuisé et l'acide carbonique s'en étant dégagé sans renouvellement; car on sait que la bière est une combinaison qui fermente sans cesse plus ou moins activement, jusqu'au moment où elle perd les propriétés qui la font rechercher.

Les bières de garde à fermentation super-cielle ou à fermentation par dépôt, peuvent également devenir plates, mais dès qu'on s'aperçoit qu'elles inclinent vers ce défaut, on doit leur donner du sucre, de la levûre et du kræusenbier et y ranimer ainsi la fermentation tertiaire et aussitôt qu'elles ont repris quelque qualité, on doit les livrer à la consommation.

Ainsi, plus d'une cause peut contribuer à ce que les bières deviennent plates. Dans le cas le plus simple, l'absence de saveur de la bière peut être seulement la conséquence de ce qu'il s'est volatilisé du gaz acide carbonique. Nous faisons encore observer que dans aucune bière, le gaz acide carbonique ne peut faire complétement défaut; que, quelque faible ou insensible que cette fermentation puisse être, il doit toujours se produire dans la bière une fermentation, excepté quand elle est retardée par le froid, en sorte que quand on conserve la bière dans des tonneaux, le gaz acide carbonique qui se dégage doit être remplacé continuellement par une nouvelle quantité de ce gaz qui se produit.

Si, dans une bière quelconque, pour qu'elle

soit réellement une bière, il doit se trouver
et se produire du gaz acide carbonique, une
bière qui a perdu tout son gaz peut, par
cette raison seule, être déjà considérée
comme malade ; mais l'essence de la maladie présente une cause plus intime que le
simple dégagement du gaz acide carbonique. La petite partie de lie qui est nécessaire et soluble, ou la totalité de la substance susceptible de déterminer la fermentation insensible peut être consommée, ou
bien encore tout le sucre qui devait entretenir cette fermentation lente, a pu être tout
décomposé. Dans cette dernière hypothèse,
la bière, par suite du manque de sucre et de
gaz acide carbonique, devient fade ou plate.
C'est donc encore à l'aide du sucre, qui produit du gaz acide carbonique et de l'alcool
par la fermentation tertiaire, qu'on peut rétablir les bières fades ou plates ; mais si on
s'aperçoit que la lie leur fait complétement
défaut, il faut y ajouter du sucre, de la levûre et du kræusenbier comme il a été dit
plus haut.

Du moyen de rétablir les bières de garde plates ou éventées.

S'il se produit le cas que la bière de garde
soit déjà passablement plate et éventée, et

qu'il y ait à craindre la formation d'acide acétique, afin de provoquer plus vite la fermentation ultérieure, il faut, outre une quantité proportionnelle du mélange sucré ou du moût non fermenté, ajouter en même temps une quantité correspondante de kræusenbier en opérant préalablement le mélange des deux substances.

Le moût pour ce kræusenbier doit pourtant être, non-seulement d'un contenu plus grand d'extrait qu'habituellement, mais encore, avant de le mettre en levain, il faut le refroidir au moyen de la température la plus basse possible, comme de 8 à 9 degrés centigrades, etc.

Tels sont les moyens de revivifier de nouveau une bière qui se trouve arrivée aux extrêmes limites de la conservation. C'est toujours le sucre seul qui, sous n'importe quelle forme, sucre de fécule, cassonade, moût, etc., constitue le moyen de ranimer la fermentation ultérieure ou tertiaire, et procure à la bière une nouvelle conservation.

Cependant, la bière de garde ou de saison qui périclite ainsi à la cave, quand elle doit être traitée de cette manière, non-seulement sans préjudice pour sa qualité, mais au contraire avec un succès réel, ne doit pas accuser en l'essayant au saccharimètre, et d'autant moins par le goût, aucune trace de formation acétique ; car ici, nous devons rappeler de nouveau très-sérieusement aux brasseurs, quand ils veulent faire usage de ce procédé, ce que nous avons dit en parlant des moyens de préserver les bières de garde contre l'acétification : qu'elles doivent encore renfermer une certaine quantité de parties sucrées à décomposer pour produire de l'alcool et du gaz acide carbonique, sinon il faut employer le moyen de désacidifier à l'aide du bicarbonate de soude ou du sesquicarbonate de soude, etc., etc.

Des bières moisies et légèrement putrides et des moyens d'y remédier.

Les bières moisies sont celles qui ont contracté cette saveur dans des appareils malpropres et infectés eux-mêmes de moisissure. On se fait difficilement une idée de la rapidité avec laquelle les mucédinées s'emparent des vases malpropres et s'y propagent en abondance et de la résistance qu'elles opposent aux moyens ordinaires de propreté, une fois qu'on les a laissées envahir des surfaces en bois ou du moins de la persistance de leur odeur et de leur saveur propres. Le remède à cette maladie des bières est donc facile à appliquer, ou du moins on peut en prévenir les effets par une extrême propreté, une grande surveillance et des moyens énergiques de nettoyage si on s'aperçoit de l'envahissement.

Mais la malpropreté des ustensiles n'est pas toujours la cause de la moisissure des bières, et quand ces boissons sont plates ou peu riches en principes extractifs, elles sont très disposées par elles-mêmes à se moisir à la surface, et la saveur de cette partie moisie ne tarde pas à se communiquer à toute la masse. Des tonneaux laissés longtemps en vidange, dans des caves ou des endroits humides, une atmosphère dans laquelle, par des causes quelconques, flottent les séminales des mucédinées ; enfin, des conditions encore inconnues pour la propagation spontanée et sporadique de ces végétaux microscopiques, peuvent déterminer la moisissure dans la bière et en amener la perte, si on n'a pas sans cesse l'œil ouvert sur toutes les causes qui peuvent produire leurs attaques et sur les moyens de les prévenir.

Ainsi, les bières plates, fades, moisissent rapidement ; la moisissure d'une bière est assez souvent la conséquence de ce qu'elle était fade. Mais d'autre part, la production de la moisissure dans une bière peut provenir de ce qu'elle a été enfermée dans des tonneaux dont les parois étaient couvertes de moisissure, ainsi que cela peut arriver à des futailles qui ont séjourné dans des caves ou des endroits fort humides, dans lesquels l'air n'a que difficilement accès.

Cependant il arrive aussi que la bière, dès qu'elle est entonnée, ne tarde pas à contracter un goût et une odeur de moisi ou de pourriture, sans se troubler ou s'altérer visiblement à l'œil ; mais à la longue, elle finit par se gâter entièrement et se corrompre. Ces altérations peuvent provenir aussi comme nous venons de le dire, des tonneaux ou autres vaisseaux qui les renferment, soit qu'ils aient été mal nettoyés, soit que l'intérieur du bois qui les constitue soit simplement imprégné du principe morbide qui s'est ensuite développé dans le liquide qu'ils renferment.

Ces mauvais goûts qui sont toujours un commencement d'altération profonde de la bière, peuvent se voiler quand ils ne sont pas trop forts. Dans le but de faire disparaître, ou plutôt de masquer ces mauvais goûts de moisi et toute odeur putride commençante, quelques brasseurs emploient du *gingembre* ou du *calamus aromaticus*, d'autres, de la *racine d'iris* en poudre fine, et quelques jours après la collent et la décantent ensuite ; dès qu'elle est clarifiée, ils la livrent immédiatement après à la consommation. Ces ingrédients plus ou moins aromatiques masquent souvent assez bien le mauvais goût et surtout la mauvaise odeur des bières en question, mais ils ne font que voiler le mal.

Il en est de même des mélanges qu'on fait de ces bières avec d'autres plus jeunes et fortement houblonnées. Aussi, doit-on se garder de mélanger ces bières avec d'autres, si ce n'est pour les faire consommer immédiatement, sans quoi on gâterait la bonne pour faire passer la mauvaise ; car ces altérations se propagent très-facilement et ne font qu'augmenter. (Voir plus loin les autres moyens de guérir les bières putrides, butyriques, etc.).

De l'acide lactique.

L'acide lactique possède la même composition chimique que le glucose sec, et par conséquent, ce dernier peut se transformer aisément en acide lactique. Or, on a constaté que pendant la formation du sucre au maltage, il se forme constamment, en même temps que du glucose, de l'acide lactique, et que la transformation de ce glucose en

cet acide s'opère très-rapidement en présence des substances albuminoïdes , par
exemple de la glutine, à une température
entre 25 à 30 degrés centigrades. L'acide
lactique n'étant encore que sous forme de
sirop, reste donc dissous dans la bière.

Si la proportion de cet acide n'est pas considérable, il n'altère pas sensiblement la
saveur et la salubrité de la bière, et même
dans certains pays où la bière renferme toujours une proportion plus forte d'acide lactique que dans les bières des autres contrées, le consommateur s'habitue au goût de
cet acide, qui ne paraît, en définitive, exercer dans les proportions où il est généralement présent, aucune action sensiblement
nuisible à la santé.

Mais il arrive parfois, pendant les temps
humides ou malsains, si on a laissé du malt
vert ou même non assez sec, trop longtemps
exposé à l'air atmosphérique, ou bien si on
l'épuise avec de l'eau qui ne soit pas assez
chaude, que, pendant le brassage, et même
pendant la fermentation, le glucose se transforme en plus grande abondance en acide
lactique; en un mot, que le moût passe à
l'état de fermentation lactique.

Un premier défaut des bières qui ont
éprouvé cette fermentation lactique, est dans

la diminution de la proportion du glucose ;
et par conséquent, ces bières sont plates,
peu riches en alcool et en gaz acide carbonique, elles ont une saveur acide plus prononcée, et l'usage habituel d'une bière trop
chargée de cet acide peut, à la longue, nuire
à la santé, en produisant un relâchement
dans les tissus des organes, des engorge-
ments intestinaux, etc., etc.

De la mannite.

La mannite, qui est la matière principale
de la manne, se forme aussi souvent pendant la fermentation du sucre, en présence
de substances putrides ou septiques. Cette
mannite manifeste toujours sa présence dans
la bière en compagnie d'une substance peu
étudiée jusqu'ici, de composition semblable
à celle de la dextrine, à laquelle on a donné
le nom de *gomme d'acide lactique*. Cette présence dans les moûts en fermentation, cas
où l'on dit qu'il y a eu *fermentation manni-
que*, paraît donc due aux substances albuminoïdes qui entrent en putréfaction au
contact de l'air vicié, de vases malpropres,
ou même à des causes inconnues.

Une bière attaquée de fermentation man-
nique a une saveur douceâtre persistante,
elle éprouve une faible atténuation pendant

la fermentation principale, puisque presque
tout son glucose a disparu, renferme fort
peu de gaz acide carbonique, et est plate et
sans goût. Heureusement, cette maladie
n'est pas commune dans les brasseries qui
sont bien tenues, car on était dans l'obliga-
tion d'enlever et de jeter la bière qui en
était attaquée, et de nettoyer avec le plus
grand soin tous les ustensiles, si l'on ne
voulait pas voir reparaître cet accident.

**De l'emploi en brassant d'un malt détérioré
et de ce qu'il faut faire pour éviter la formation avec excès de l'acide lactique et
par suite des bières putrides, etc.**

On emploie quelquefois pour la fabrication de la bière un malt détérioré, mais
alors pour éviter que la bière ne contienne
trop d'acide lactique et par suite ne devienne
putride, il faut absolument introduire du
noir d'os dans la cuve-matière, c'est-à-dire
dans la farine de malt pendant la salade ou
empâtage et même dans la chaudière à bras-
ser. L'odeur désagréable, à l'aide de ce
moyen, est écartée par le noir animal.

Ce procédé peut être considéré, dans ce
cas, comme excellent. On ne peut, du reste,
pas reconnaître son emploi, mais cette substance a une propriété décolorante.

Du remède contre les bières qui, après leur fabrication entièrement terminée, contiennent une trop grande proportion d'acide lactique.

Lorsqu'une bière développe une saveur trop prononcée d'acide lactique, on peut en atténuer les effets par l'addition d'une petite quantité de bicarbonate de soude ; mais il vaut quelquefois mieux y ranimer une fermentation insensible par une addition de sucre et de moût frais, après lui avoir distribué un peu de bicarbonate de soude pour saturer d'abord l'acide lactique, puis la remonter en glucose, en alcool et en gaz acide carbonique par une fermentation tertiaire. C'est aussi le moyen d'éviter que les bières fabriquées ne deviennent putrides, puisque c'est l'acide lactique en excès qui occasionne la putridité par le contact d'un air impur ou vicié ou d'une mauvaise odeur, comme des tonneaux infectés, etc.

Des bières ayant le goût d'oignon.

Le goût d'ail ou d'oignon qu'ont certaines bières, peut provenir de la levure produite par une fermentation basse et employée pour levain, tandis que ce goût ne se trouve guère dans lesbières fermentées avec d'au-

tre levûre ; excepté lorsqu'il se trouve de
l'ail sauvage ou quelques autres graines du
même genre dans un malt qui n'a pas été
suffisamment nettoyé pour le débarrasser
complétement de ces semences nuisibles.
Elles communiquent alors leur mauvaise saveur à la bière et par conséquent à la levûre
qui en provient, ainsi qu'à la bière à laquelle
cette levûre a servi de levain, parce qu'alors
la levûre elle-même à ce goût d'ail ou d'oignon.

Une levûre, par suite de son emploi trop
longtemps répété pour la mise en levain,
sans la renouveler ou l'échanger contre
celle provenant d'une autre brasserie, peut
aussi, par dégénérescence, occasionner quelque accident analogue. Mais cette mauvaise
saveur peut aussi provenir de la façon dont
s'opère la chauffe ou cuisson du moût trouble. On pourrait s'en assurer en faisant fermenter à part une partie du brassin où n'en-
trerait rien qui eût été en contact avec ce
moût, soit par mélange à la chaudière, soit
par filtrage à la cuve-matière.

Le goût d'ail ou d'oignon, s'il n'est pas
trop prononcé, peut se masquer à l'aide
d'aromates, comme le roseau odorant, le
gingembre et la racine d'iris en poudre
fine, etc.

Dans le cas contraire, en employant le même moyen, ensuite le coupage avec d'autres bières et en livrant de suite à la consommation; mais on prévient souvent aussi cette saveur désagréable, en faisant usage du noir d'os pendant la fabrication, comme il a été dit précédemment.

Des bières filantes.

Il existe une maladie des bières remarquable par un caractère tout particulier, et qui les a fait désigner sous le nom de bières filantes ou huileuses. Une bière préparée avec soin et dans un état de santé qui paraît parfait, cesse alors tout à coup de mousser et lorsqu'on la verse forme un filet coulant, épais et d'une seule pièce.

Les causes de cette altération des bières peuvent provenir des vices de fabrication ou d'une trop petite quantité de houblon employée. Ainsi, on est assez généralement disposé à l'attribuer au défaut de propreté des ustensiles et en particulier des bacs refroidissoirs.

On croit avoir remarqué que la saccharification imparfaite des matières de maltage était une cause évidente du filage des bières et par conséquent qu'on doit prolonger la durée de la saccharification des moûts.

On a aussi prétendu que le séjour prolongé des eaux de lavage sur la drèche,
produisait tout le mal ; enfin, qu'un malt
trop récemment préparé disposait la bière
à filer ; mais on doit reconnaître que jusqu'à
présent les praticiens ne sont pas parvenus
à démontrer la part que chacune de ces circonstances prend à cette altération de la
bière ou même qu'elle y joue un rôle quelconque.

Quant à l'explication, sous le rapport chimique de cette transformation de la bière,
nous rapporterons les paroles mêmes de chimistes distingués qui ont contribué à ré-
pandre la lumière sur cette altération des
bières.

D'après ces chimistes, le fait que certaines
bières deviennent filantes, peut être attri-
bué à ce que la dextrine qui existe dans la
bière et le sucre qui s'y trouve encore, se
transforment en mucilage végétal. M. Des-
fosses a reproduit artificiellement cette transformation en faisant bouillir la levûre de
bière avec de l'eau, en ajoutant à cette liqueur une grande quantité de sucre et en
laissant reposer le tout pendant quelque
temps dans un endroit chaud. Le mucilage
végétal qui se produit fait bientôt passer la
liqueur à l'état épais. En traitant de la

même manière du gluten, M. Peligot a obtenu une quantité de mucilage végétal égale à un tiers de la quantité de sucre employée.

Il en résulterait, suivant le même auteur, que lorsque cette maladie se produit dans la bière, elle provient de phénomènes morbides préexistants dans le malt et dans le moût. Mais cette assertion n'a pas un caractère complétement général, et la transformation des bières saines en apparence ne serait pas toujours due à la dextrine ni au sucre, puisque un des meilleures remèdes qu'on ait trouvés, est l'emploi de l'acide tannique qui cependant ne combine pas le mucilage végétal en une masse compacte ; tandis qu'il contracte une combinaison intime avec l'albumine, et par conséquent ce serait à cette dernière substance que la bière, dans certains cas, devrait son défaut de filer, quoique la dextrine et le sucre en soient certainement aussi la cause, puisqu'il y a des bières filantes qui résistent à l'action de l'acide tannique.

Mais dans les bières de garde ou de saison, surtout celles dans lesquelles on a employé une quantité considérable de froment, la transformation se produit quelquefois à un degré plus ou moins prononcé sans que la bière soit aucunement altérée. Une bière de ce genre est caractérisée par la consistance presque sirupeuse, bien que la quantité d'extrait qui s'y trouve n'indique pas qu'il existe en somme une grande quantité de dextrine.

On peut à cet égard citer un exemple frappant dans le lambic. Il arrive quelquefois, lorsqu'on verse cette bière, qu'elle forme un jet visqueux et très-épais. La dextrine, suivant certains chimistes, s'y serait donc transformée en mucilage végétal.

De l'emploi de l'acide tannique contre le filage.

L'emploi de l'acide tannique s'opère tout simplement, en ajoutant, pour chaque 100 litres de bière filante, une dissolution de 20 à 100 grammes de cachou ou de gomme kino, selon les divers degrés de filage; cette dernière substance, dont il y a plusieurs espèces, contient 50 à 75 pour cent de tannin. On abandonne, après le mélange, la bière au repos jusqu'à ce qu'elle redevienne claire; après quoi, on la soutire dans un autre tonneau propre, on lui ajoute une portion de sirop de fécule ou de cassonade, etc., avec un peu de kræusenbier, et, après quelques jours, on la bondonne solidement, afin de pouvoir la livrer à la consommation en état parfait de mousse.

Des autres traitements des bières filantes.

Bien que jusqu'ici les savants ne soient pas encore bien d'accord sur l'origine véritable de cette maladie de la bière en en faisant remonter la source, ou à la transformation en mucilage de la dextrine contenue encore dans la bière, ou à une combinaison particulière de l'acide carbonique avec un des éléments du gluten et au nouveau corps visqueux qui en est formé, etc., etc.; quoi qu'il en soit, pour les brasseurs, il est surtout utile de connaître quelques moyens de guérir la bière ainsi atteinte, afin de pouvoir, à l'occasion la mettre à profit.

On peut avoir recours a l'emploi du tissu cellulaire végétal, sous forme de copeaux pour guérir les bières filantes. Ce tissu cellulaire, par ses surfaces étendues, détermine la séparation de la combinaison visqueuse et tenace de l'acide carbonique avec l'albumine qui se précipite à l'état insoluble, peut-être à l'état de glutine, tandis que l'acide carbonique qui reste dans la liqueur contribue à la rendre mousseuse. En conséquence dès que cette maladie se déclare, on décante la bière pour la séparer de sa lie et on la verse dans les tonneaux à copeaux avec 1/5 à 1/4 de kræusenbier, on bondonne et on agite vivement le tonneau. Au bout de quelques jours la bière est guérie. Il suffit même quelquefois de rouler les tonneaux pour guérir le filage commençant.

Autre remède contre le filage.

On soutire d'abord la bière claire de sa lie dans un autre tonneau plus grand, où préalablement on a ajouté une quantité suffisante de bon houblon fraîchement cuit, puis on y ajoute une quantité proportionnelle de kræusenbier, et le tout est abandonné à une fermentation nouvelle ou tertiaire. Si, de cette manière, en peu de jours la bière a perdu sa visquosité, afin de la séparer du houblon, on la transvase encore dans un autre fût, en la mélangeant avec une quantité proportionnelle de dissolution sucrée ou de bière fraîchement fermentée, et toujours avec un peu de kræusenbier ; après quoi, on laisse, comme d'ordinaire, la fermentation ultérieure ou insensible s'accomplir, et, dès que la bière est redevenue parfaitement saine, et que, par le bondonnage, elle mousse de nouveau, elle doit être livrée à la consommation dans l'intervalle de 8 à 15 jours.

Autres remèdes contre le filage.

Ce genre d'altération, selon d'autres brasseurs, n'est autre chose qu'une espèce de fermentation insensible, visqueuse; il doit être combattu par les astringents, une petite addition de houblon jeune, ou mieux de son extrait dans l'alcool. Ce moyen prévient souvent et arrête même cette altération, si elle n'est pas trop prononcée. Dans le cas contraire, quelques brasseurs ont recours à l'emploi du sulfate de fer et mieux encore à un huitième de kilogramme ou 125 grammes d'hysope infusés dans deux litres d'eau bouillante. Quand le refroidissement a eu lieu, on verse le tout dans le tonneau après l'avoir passé à travers un linge propre.

On a encore recommandé bien d'autres moyens, tels que la farine de graines de moutarde combinée à la colle de poisson, le jaune d'œuf, des combinaisons d'acide tannique et de magnésie, etc.; ainsi que de filtrer sur le résidu du houblon, la bière atteinte de ce défaut, immédiatement après le transvasement, dans les bacs refroidissoirs, du moût de bière des chaudières.

Autre remède contre le filage.

D'après les expériences faites en 1838 par MM. Mareska, professeur de chimie à l'Université de Gand, et Hendrickx-Percy, brasseur à Bruxelles, on doit entendre, par filage des bières, la transformation en gomme de la matière sucrée qui entre dans la composition de ces boissons. C'est sous l'influence de l'électricité atmosphérique que ce phénomène se produit. En effet, c'est ordinairement pendant les fortes chaleurs, les temps malsains ou les orages que cet accident a lieu, parce que l'air alors est chargé d'une plus grande quantité de ce fluide. Les essais nombreux faits par ces Messieurs le prouvent jusqu'à l'évidence, voici comment :

Une bière en tonneau, transformée en gomme, abandonne immédiatement cette gomme ou graisse sous l'influence du courant d'une forte pile électrique; cette maladie cède alors au bout de quelques minutes, parce que, par ce moyen, le mauvais effet produit par l'électricité atmosphérique, qui en est la cause, est totalement détruit : les électricités de même nature se repoussant et les électricités de nature différente s'attirant. Par conséquent, ce qui détruit cette maladie des bières, c'est la combinaison des différentes électricités par la communication du tonneau avec l'électricité terrestre : la combinaison de l'électricité positive ou négative de ces boissons ayant lieu selon qu'elles sont, par la nature, électrisées positivement ou négativement.

Si, au lieu d'opérer sur de la bière en tonneau, on expérimente sur de la bière dont le sucre s'est transformé en gomme, et isolée par le verre, comme celle qui se trouve en bouteille, en soumettant aussi cette boisson à l'influence du courant d'une pile électrique, on n'obtient aucun résultat, c'est-à-dire que le sucre reste transformé en gomme ou graisse. Mais si, malgré que cette bière soit isolée par le verre de la bouteille qui la renferme, on la soumet à l'influence de deux courants électriques à la fois, c'est-à-dire à l'aide de deux piles au lieu d'une, le rétablissement de la bière a lieu comme en tonneau et le filage cesse même comme par enchantement : la transformation en gomme des matières sucrées se détruisant instantanément, la bière se remet aussi vite dans son état naturel ou primitif.

Autre moyen empirique pour guérir les bières filantes.

Un tonneau de bière filante dans lequel on jette une brique qui a été chauffée dans un four, est rétablie au bout de 24 heures. Si, au contraire, on fait usage dans la même circonstance, d'une brique froide ou non chauffée, on n'obtient aucun effet, et par conséquent la bière n'est nullement guérie. Il est donc à croire que, dans le premier cas, une brique bien chaude joue le même rôle qu'une pile électrique, avec cette différence que la chaleur de la brique agit d'une manière beaucoup plus lente ou moins énergique que l'électricité de la pile.

Des causes de l'absorption du houblon dans la bière.

Il arrive parfois que la bière perd en grande partie la saveur amère que lui avait communiquée le houblon. En recherchant quelle pouvait être la cause de cette perte de saveur dans la résine amère de cette plante, on a fait voir, par suite d'expériences, que les acides avaient la propriété d'enlever à cette résine son amertume; et par conséquent, que l'acide lactique que renferment toutes bières, et l'acide acétique qui se forme souvent au sein des bières mal préparées ou mal closes, etc., etc., devaient être la cause de cette perte. C'est donc en ayant égard à cette circonstance qu'on doit chercher à éviter ce genre de détérioration des bières.

Pour remédier à ce manque de saveur amère, on fait une addition de houblon ou de son extrait, comme il a été dit précédemment.

Des causes des bières trop amères par maladie.

La plupart des bières sont essentiellement des boissons qui ont une légère saveur amère due à la nature amère du houblon et à la dessiccation du malt. Une bière peut même avoir acquis une amertume plus forte qu'il ne convient, par une trop grande proportion de houblon qu'on y a ajoutée à la fabrication, ou par du houblon trop riche en matière amère, ou bien par un malt où on a poussé le touraillage trop loin, ce qui a caramélisé le sucre et a donné lieu à la formation de la matière excessivement amère à laquelle on a donné le nom d'assamar, ou bien encore, au commencement de la fermentation, lorsqu'on n'a pas enlevé la première mousse qui devient noire en fondant et qu'on désigne vulgairement sous le nom d'écumes amères, qui se produisent avant la formation de la levûre. Eufin, on peut y avoir introduit une trop forte proportion de bier-couleur mal préparée, et où il y a eu aussi formation abondante de cet assamar.

Mais ce n'est pas encore à ces boissons qu'on a donné le nom de *bières trop amères par maladie*. On a appelé ainsi des bières de saison qui possédaient jusque-là une saveur agréable et franche, et dans lesquelles, par le séjour dans les tonneaux de garde, s'est développée peu à peu une saveur amère prononcée, qui, toutefois, se dissipe au bout de peu de temps sur la langue quand on gourme cette espèce de boisson. On voit que cette maladie, qui est assez rare, provient de ce que tout le glucose étant disparu dans la fermentation complémentaire, il ne s'en trouve plus qui soit marié comme il convient avec la matière amère du houblon, et que celle-ci, devenue libre, flotte dans la bière en molécules extrêmement déliées, qui se déposent sur la langue, quand on boit, et y produisent une sensation d'amertume plus vive et plus prolongée. On a remarqué, en effet, que les bières amères par maladie n'étaient jamais bien claires.

Du moyen de guérir les bières trop amères par maladie.

Une addition de sucre, de glucose, de sirop de candi, de kræusenbier, ou enfin, de bière jeune à fermentation superficielle paraît propre à guérir entièrement ce défaut, en déterminant un mouvement plus énergique de fermentation où le gaz acide carbonique chasse par la bonde l'excès de cette substance amère.

On peut aussi guérir les bières trop amères par maladie à l'aide de charbon animal, comme il sera expliqué ci-après.

De la guérison des bières ayant un mauvais goût de tonneaux mal nettoyés, et des bières trop amères.

Il peut se produire le cas où, par suite de négligence ou d'une surveillance insuffisante, des bières emmagasinées dans des tonneaux mal nettoyés prennent un mauvais goût, à tel point qu'elles ne peuvent être livrées à la consommation.

Pour guérir une bière ainsi infectée provenant d'un tonneau malpropre, afin de ne pas la perdre entièrement, on se sert comme suit du charbon animal (ou os brûlés), qui possède la faculté d'enlever aux liquides leur mauvais goût et leur mauvaise odeur.

Ainsi, aussitôt qu'on s'aperçoit de cet accident, on fait soutirer la bière dans un tonneau propre, et ensuite on exécute un essai avec un litre de cette bière, à laquelle, d'après son mauvais goût ou sa moisissure, on mélange parfaitement un 1/2 gramme de noir animal en gros grains, après quoi la bière doit être transvasée dans un autre tonneau propre et placée dans un endroit bien frais. Si, après 24 heures, la bière n'a pas perdu sa mauvaise saveur, on opère une seconde addition de charbon animal, et, de cette manière, en essayant le goût, on trouvera facilement les portions nécessaires de noir animal à ajouter encore.

D'après cette addition pour un litre, on pourra calculer facilement la quantité correspondante de noir animal nécessaire pour la totalité de la bière à guérir.

Toute la quantité de charbon ayant été mélangée avec un peu de bière dans un baquet ou un chaudron, on la verse dans le tonneau, et l'on opère avec le mélange en agitant convenablement.

On remplit ensuite le tonneau, et on le bondonne hermétiquement.

Dès qu'après quelques jours, selon le cas, on s'aperçoit que la bière a perdu son mauvais goût, on la soutire de nouveau dans un autre tonneau propre, et, pour la formation de nouveau gaz acide carbonique, on y ajoute une quantité proportionnelle d'aliment nouveau à la fermentation. Dans le présent cas, le mieux consiste en une addition de moût non fermenté ou de bière fraîchement fermentée, mais toujours avec une portion de kræusenbier. Le traitement ultérieur de cette bière s'opère comme d'habitude. Toutefois, il serait bon qu'immédiatement après son rétablissement, soit par exemple après huit jours et quand elle est devenue claire, de la livrer à la consommation.

Comme le charbon animal enlève non-seulement aux liquides le mauvais goût, mais en même temps qu'il possède une propriété décolorante, on peut l'employer pour les bières trop amères, afin de leur enlever de leur amertume, ainsi que pour diminuer leur nuance trop brune. Toutefois, la décoloration d'une bière faite est toujours plus difficile; car alors, l'action du noir animal est moins énergique que sur une bière en fabrication.

Du moyen de faire passer le goût de bois aux tonneaux neufs.

Pour empêcher les fûts neufs de communiquer le goût de bois aux liquides qu'ils doivent contenir, on fait macérer, avec un peu d'eau chaude, de petits copeaux de chêne imprégnés d'alcool bon goût, et on remue les tonneaux de manière qu'ils en soient complétement imprégnés. On peut encore passer ces fûts à une lotion d'eau étendue d'acide sulfurique. Quelques personnes brûlent de l'alcool à l'aide d'une mêche d'amiante qui en est imbibée, et jettent ensuite une décoction de fleurs de pêcher qu'on retire au bout de quelques jours.

Le goudronnage seul est excellent pour préparer les tonneaux neufs à recevoir la bière.

De la désinfection des tonneaux gâtés.

Il arrive parfois que les tonneaux qui ont déjà servi, au lieu de conserver un bon goût vineux, comme ils le devraient, prennent un mauvais goût de fût, parce que la lie se gâte par le contact prolongé de l'air, lorsqu'ils sont vides et quand ils ne sont pas bien bouchés, surtout pendant les temps chauds; alors, pour les désinfecter, on prend un ou deux kilogrammes de tan, on délaie dans de la soude, et on laisse séjourner pendant quatre ou cinq jours. On remue ensuite bien le tonneau.

Le goudronnage remédie aussi entièrement aux tonneaux gâtés.

Pour désinfecter les tonneaux gâtés en les nettoyant.

Pour désinfecter 6 ou 8 tonneaux, on prend :

Eau bouillante, 24 litres ;
Sel marin, 1/8 kilogramme ;
Acide sulfurique, 1 litre ;
Potasse, 30 grammes.

On fait du tout un mélange bien homogène, on remue pendant un quart d'heure et de manière que tout le tonneau en ait été nettoyé ; de là, on transvase ce mélange dans les autres tonneaux, en agissant de la même manière que pour le premier. A mesure qu'on les vide, on les remplit d'eau propre et on les laisse ainsi pendant une nuit. Le lendemain, les 6 ou 8 tonneaux sont aussi désinfectés que s'ils étaient neufs.

Autre procédé pour enlever aux tonneaux le mauvais goût de fût.

On mélange ensemble :

Acide muriatique en poudre, 75 grammes;
Eau, 4 litres;
Houblon, 60 grammes.

On laisse bouillir pendant un quart d'heure, on verse tout bouillant dans le tonneau infecté, et toutes les mauvaises odeurs disparaissent.

Pour désinfecter les tonneaux de la moisissure.

Pour rendre saines des futailles moisies, on les débonde et les ventile pendant deux jours à l'aide d'un trou de foret. On verse ensuite dans chaque un ou deux litres d'eau qu'on mélange avec 120 grammes d'acidé sulfurique par hectolitre de contenance. On agite avec soin ce mélange, on passe au lait de chaux ; trois litres d'eau et un de chaux ; on rince à grande eau, on égoutte, on bouche la futaille, qui est alors en état de recevoir la bière, car elle est alors parfaitement exempte de tout mauvais goût.

Autre procédé.

Quand les tonneaux ont contracté une odeur de moisi, on les vaporise et on poursuit l'opération jusqu'à ce que la vapeur qui s'échappe du pourtour de la bonde, ne possède plus cette odeur de moisi. On lave alors à plusieurs reprises à l'eau chaude ou mieux à l'eau acidulée avec l'acide sulfurique.

Des celliers ou magasins à bière.

Les caves destinées à l'emmagasinage des bières ne doivent renfermer que des tonneaux de cette boisson; toute substance étrangère est nuisible, même les fleurs et surtout les roses sont très-nuisibles à la conservation de la bière. Il n'y a pour ainsi d'exceptés que les liqueurs comme l'alcool, le genièvre et les différentes sortes de charbon; mais les égoûts puants, les matières à fortes odeurs, même le fromage, sont très-préjudiciables à cette boisson.

Des glacières et des caves.

L'emploi de la glace pour maintenir la fraîcheur des caves, pour la conservation des bières pendant les temps chauds, se répand de plus en plus. Nous allons indiquer comment on peut combiner la construction dés caves à compartiments avec l'emploi de la glace.

L'action de la glace employée de cette manière, en fondant et en passant à l'état liquide, se combine avec une certaine quantité de calorique qu'elle enlève à l'air et aux murs de la cave. On a calculé qu'avec un demi-kilogramme de glace fondante, on peut refroidir à 7, 5 degrés centigrades 840 pieds cubes d'air ayant la température de 12, 5 degrés centigrades.

Seulement on doit avoir soin d'emmagasiner, non-seulement une quantité suffisante de glace pour suffire aux exigences des mois d'été, mais encore pour que l'eau de fusion produite soit recueillie dans un réservoir et enlevée chaque jour au moyen d'une pompe ou de toute autre manière.

Puisqu'en employant la glace dans la cave, c'est principalement par le changement d'air fréquent que s'opère sa fusion rapide, avant l'arrivée de la saison chaude, moment où, véritablement, elle doit commencer à agir, on est arrivé, par l'expérience, à emmagasiner la glace dans des glacières construites spécialement et isolément, et qui ne communiquent que par des ouvertures avec la cave. Mais cette communication n'est établie que lorsque la température de la cave devient plus élevée, et alors la glace suffit pour empêcher l'élévation ultérieure de la température.

On doit à cet effet partager la cave en compartiments pour éviter les changements de température, afin que, lors du transport ou de l'écoulement de la bière, la fraîcheur des compartiments non entamés reste la même.

Il faut des espaces réservés pour retirer les tonneaux et l'escalier.

Un même escalier dessert quatre compartiments.

Les glacières sont séparées entre elles et les compartiments de la cave par un mur. Elles communiquent avec cette dernière par des ouvertures. L'une, et la plus grande de ces ouvertures, se trouve au milieu du mur, Elle a un mètre carré de surface et est munie d'une porte solide. En outre, on peut, avant de fermer la porte, murer ces ouvertures avec des briques pour qu'elles puissent mieux résister à la pression de la glace. Une autre et plus petite ouverture, de 50 à 60 centimètres carrés, se trouve au-dessus de la première et n'est que légèrement maçonnée. Le mur extérieur, qui entoure la

glacière, doit être double avec un espace
vide entre les deux murs, c'est-à-dire ren-
fermant de cette manière une couche d'air
pour retenir la chaleur extérieure du sol,
l'air étant un mauvais conducteur du calorique. Chaque glacière possède encore une
ouverture dans sa hauteur par laquelle on
la remplit de glace, mais cette ouverture
aussi est laissée ouverte, pendant les froids
rigoureux, pour emmagasiner plus tard
l'air bien froid dans l'espace vide.

Lorsque la cave de conserve ne peut être
établie sous la brasserie, alors on construit
à cet effet un bâtiment spécial.

Les glacières qui, à proprement parler, se
trouvent à l'extérieur du mur principal peuvent aussi être recouvertes d'une construction à part. Chaque compartiment de la
cave possède, d'ailleurs, des canaux à air
pour laisser pénétrer l'air froid et faire geler
la cave autant que possible. A l'approche
du temps plus chaud, on ne laisse quelques
canaux à air ouverts que la nuit seulement,
en les tenant fermés tous pendant le jour;
mais dès que la campagne de fabrication de
bière de saison est terminée et que tous les
tonneaux de bière de garde sont remplis,
alors tous les canaux à air sont fermés à
l'extérieur, tous les compartiments fermés

et leurs entrées maçonnées. Les glacières sont aussi soigneusement garanties par des couches de paille, afin que la chaleur n'y puisse pénétrer. A l'arrivée du moment où la température des compartiments commence à s'élever, on ouvre entièrement les ouvertures supérieures des glacières et les ouvertures inférieures plus grandes seulement à moitié, jusqu'à ce que plus tard, au besoin, elles soient complétement ouvertes. De cette manière se trouve établie une circulation d'air entre les compartiments et la glacière. La couche d'air supérieure, plus chaude, pénètre par l'ouverture du haut, se refroidit par son contact avec la glace et revient par l'ouverture du bas, comme air froid, dans le compartiment de la cave. L'équilibre de température s'établit de cette façon.

La capacité de ces glacières est toujours proportionnelle à la grandeur de la cave, c'est-à-dire du compartiment qu'elle doit refroidir. Si donc le compartiment est long de 18 à 22 mètres, sur 4 de largeur, la glacière peut avoir sur la même largeur 4 mètres environ de longueur, c'est-à-dire le cinquième environ de la longueur de chaque compartiment. Cependant, cette grandeur est le minimum, et il ne peut être qu'avan-

7

tageux de construire, s'il est possible, des glacières plus grandes, car une masse plus grande de glace qui se trouve accumulée dans une glacière de ce genre se conservera toujours mieux qu'une masse moins considérable.

En remplissant ces glacières. il faut surtout veiller à ne choisir qu'une glace épaisse, transparente et pure, en ayant soin en même temps de l'y transporter pendant les journées sèches et froides. Une glace de neige impure et cassante, qui a déjà commencé à fondre, ne doit pas être employée. On doit également bien tasser les couches de glace pour, qu'autant que possible, il ne reste pas de vide, et que le tout forme une masse compacte.

Il faut aussi, en établissant des glacières, prêter une attention particulière qu'aucune eau de pluie ne puisse pénétrer dans la glacière, il faut qu'elle en soit parfaitement à l'abri, sinon elle consommerait promptement la glace en la faisant fondre.

Des autres espèces de glacière.

Puisque la glace sert, non-seulement à maintenir les caves froides, mais aussi à d'autres usages, comme le refroidissement du moût, etc., et qu'elle rend aux brasseurs d'éminents services, on a construit récemment en Allemagne de grands locaux ou maisons à glace qui se trouvent au dessus du sol. Ces locaux à glace, qui se trouvent dans des dimensions telles qu'ils peuvent contenir 4,000 pieds cubes de glace, sont recouverts d'une construction spéciale et sont éloignés en tous sens de cette construction, ainsi que de la muraille de terre qui entoure de 1 mètre 1/4 à 1 mètre 1/2. Le sol est planchéié avec de forts madriers, tandis que le mur de face et de côté et le plafond sont entourés de fortes planches. L'espace entre la glacière et les murs extérieurs du bâtiment est rempli avec des substances mauvaises conductrices de la chaleur, telles que des balles ou courtes pailles de blé ou de la sciure de bois, etc., et l'entrée de la glacière, pratiquée dans le haut, est garantie avec des sacs remplis de menue paille. L'eau provenant de la fusion de la glace est conduite du fond de la glacière par un tuyau.

Ces glacières, au-dessus du sol, sont très-bonnes pour la conservation de la glace, car la perte par la fusion ne s'élève en général qu'au vingt-cinquième de la quantité emmagasinée, ce qui est minime et présente un résultat que ne pourrait pas surpasser une glacière souterraine.

L'établissement d'une telle glacière, au lieu de la munir d'une construction superficielle, lorsqu'on tire partie d'une construction déjà existante, revient à un prix bien plus bas que l'établissement d'une glacière ordinaire de même dimension creusée dans la terre.

De l'établissement de bonnes caves au-dessus du sol.

Dans certaines contrées de l'Allemagne du Nord où, à raison de la situation du terrain, on ne peut creuser une bonne cave de garde, on a commencé depuis plusieurs années à établir des caves de la même manière que ces glacières et aussi au-dessus du sol, qui ne laissent rien à désirer.

Dans cette construction, les murs et la voûte, c'est-à-dire la cave proprement dite, consistent en maçonnerie qu'on entoure d'un bâtiment en bois dans lequel se trouvent ménagés différents espaces libres autour de la cave.

L'espace libre extérieur est rempli avec des matériaux les plus mauvais conducteurs possibles de la chaleur, comme de la sciure de bois, etc., l'espace qui vient ensuite, avec de la glace, et le tout, s'il est nécessaire ou possible, est entouré d'arbres fournissant de l'ombre, ou de grands murs qui en tiennent lieu. Pour les contrées qui se trouvent dans les mêmes conditions quant au sol, et où il est facile de se procurer de la glace, cette manière de construire les caves au-dessus du sol, est très-recommandable.

De la production de la glace artificielle en grand et en petit.

Depuis quelques années, on a beaucoup parlé en France des systèmes de fabrication artificielle de la glace, imaginés par un savant ingénieur, M. Carré.

Comme cet ingénieur est parvenu à fabriquer de la glace très-économiquement et avec des appareils très-simples, son invention est un véritable bienfait pour les brasseurs, car elle leur permet sans aucune dépense d'installation de glacières, etc., de produire journellement et à volonté la glace nécessaire pour maintenir leur cave à l'état de fraîcheur voulu, ainsi que pour le refroidissement du moût et tous les autres usages de la fabrication.

Et c'est surtout dans les circonstances ou dans les localités où l'on ne peut pas se procurer de la glace naturelle à bas prix, comme les hivers pendant lesquels il ne gèle pas assez fort, qu'on pourrait bien avoir recours à ces appareils à fabriquer artificiellement de la glace. Ils sont de deux sortes, les grands et les petits, auxquels on devra donner la préférence, suivant l'importance de la brasserie.

Les grands appareils comportent cinq numéros; voici le rendement et le prix :

Production de glace par heure :

12 kil. 50 kil. 100 kil. 200 kil. 400 kil.

Leur prix à Paris :

1,840 fr. 4,760 fr. 8,430 fr. 14,000 fr. 23,800 fr.

Ils occupent une surface en mètres carrés de :

14   21   31   41   69

Et exigent pour le service en ouvriers :

1   2   2   3   3

Une machine à vapeur de la force d'un cheval suffit pour les mettre en activité.

Un kilogr. de houille y produit 8 à 10 kil. de glace, et 100 kilogr. de glace reviennent à 1.60 à 2 fr.

Les petits appareils comportent à leur tour trois numéros, dont voici aussi le rendement et le prix :

Production.	Durée de l'opération.	Prix à Paris.
0 kil. 500	1 heure 10 minutes	144 fr.
1 — 000	1 — 35 —	230 fr.
2 — 000	2 — 50 —	336 fr.

De la production plus en petit de la glace artificielle.

Voici un système commode de glacières, de la fabrication de M. Titard, à Metz.

Ces glacières se composent d'un pied au centre duquel s'élève un axe, et d'un tambour muni d'une douille centrale qui s'emmanche dans l'axe du pied. Ce tambour est un vase en métal doublé en plomb qui sert à fabriquer la glace. On verse dans le tambour les substances frigorifiques (soit du sulfate de soude et de l'acide chlorhydrique, vulgairement appelé esprit de sel, soit du nitrate d'ammoniaque et des cristaux de soude), puis de l'eau pour faire la glace en une seule opération. Toutes les combinaisons frigorifiques peuvent être employées dans cet appareil et l'on peut se procurer tous les dosages pour bien réussir.

Les substances réfrigérantes étant versées dans le tambour de la glacière, on y introduit les moules; on place le couvercle, qui est muni d'une manivelle; on fait tourner tantôt à droite, tantôt à gauche, pendant dix minutes, et on obtient des cônes de glace unis ou à canelures.

Cet appareil est très-simple et très-facile à manœuvrer. Les moules à glace n'ont pas besoin d'être fermés absolument, puisque le liquide ne remonte jamais. C'est là une facilité considérable, puisqu'on peut frapper le champagne ou autres boissons sans fermeture coûteuse. Les appareils destinés à la consommation bourgeoise ont cela de très-curieux qu'on peut les poser sur la table et fabriquer des glaces en présence des convives, même pendant les plus fortes chaleurs de l'été.

Pour les appareils industriels employés par les cafetiers, taverniers, limonadiers et commerçants en spiritueux, la manœuvre est la même, seulement les doses sont plus considérables. Pour l'appareil no 5, par exemple, on emploie jusqu'à 6 kil. de sels composés ou 1,400 grammes d'acide muriatique et 2 kil. 600 grammes de sulfate de soude. C'est tout ce qu'il faut pour le commerce ordinaire. La durée de l'appareil est assurée par un doublage métallique inattaquable.

Nous sommes persuadé qu'il existe peu de systèmes pour fabriquer la glace en petit avec autant de facilité et plus de promptitude.

Du miel.

Le miel a un goût particulier qui déplaît à beaucoup de personnes. Pour le lui enlever, on le fait fondre à une chaleur douce, on l'écume et on le clarifie. On y met ensuite, à cinq ou six reprises, un gros clou ou un morceau de fer qu'on fait rougir au feu autant de fois qu'on le plonge dans le miel; enfin, on y met une cuillerée d'eau-de-vie par chaque kilogramme de miel.

Ce procédé fort simple, lui ôte sa saveur naturelle; les boissons dans lesquelles on l'emploie sont au moins aussi agréables que celles qui sont faites avec les meilleurs sucres.

Des sucres à employer de préférence.

L'emploi des sucres dans la fabrication et la conservation des bières est rationnel ; il nous reste à rechercher quels sont les sucres qui méritent la préférence.

Parmi ces sucres, il y a les sucres de betterave qui doivent être proscrits, à cause du mauvais goût qu'ils communiquent, mauvais goût dû aux huiles essentielles du végétal dont ils sont tirés.

Le moût de raisin desséché est, au contraire, un sucre digne d'attirer toute notre attention; mais l'éloignement des lieux de production et par conséquent la difficulté de se le procurer, nous obligent à laisser à l'écart l'emploi de cette matière saccharine pour certains brasseurs.

Il reste à la disposition de la brasserie en général les *sucres de fécule ou glucoses*; le *sirop de canne* préparé, garanti fabriqué sans acide, et qui est spécialement destiné à cette industrie, soit pour améliorer, soit pour apprêter, soit pour renforcer les bières. Il leur procure de la mousse et leur donne du corps, du liant et du moelleux. Le sirop de canne donne 75 pour cent de sucre cristallisable. En achetant ce sirop moitié moins cher que le sucre, il y a 25 pour cent de bénéfice pour le brasseur. Ce sirop, par son onctuosité, convient particulièrement pour retenir les huiles essentielles du houblon, il doit, par conséquent être mis en chaudière en même temps que le houblon; la *cassonade de candi*, bon goût, pur Havane, nuance blond foncé, gros grains, gras sans être humide; le *sucre de Havane*, première qualité, pur et sans mélange, est blanc, sec et d'un goût fin. On emploie quelquefois aussi le *sucre candi en pierre* et même le *sucre blanc raffiné*, pour les bières les plus fines de goût, après leur fabrication entièrement terminée.

De la magnésie.

Quand on fait usage de magnésie dans la bière, contre le filage, par exemple, on doit absolument s'en procurer d'une qualité pure, c'est-à-dire qui ne soit pas mêlée de fer. La magnésie ordinaire est préférable à la magnésie anglaise, quoique celle-ci soit souvent préférée. On doit aussi avoir soin de la conserver dans des bouteilles bien bouchées, puisqu'elle absorbe l'humidité de l'air avec une grande facilité, ce qui la détériore vite.

De la bière la plus propre à être mise en bouteilles.

Plus la bière est limpide quand on la met en bouteilles, moins elle est sujette à y former de dépôt; il faut donc pour garder pendant longtemps la bière en bouteilles, qu'elle soit bien clarifiée quand on la transvase.

De la bière mise en bouteilles.

Lorsque la bière est mise en bouteilles, on les tient couchées si l'on veut favoriser le pétillement de cette boisson. Pour éviter le bris des bouteilles, lorsqu'on craint cet accident, on les tient couchées pendant

vingt-quatre heures seulement, après cela,
on les met debout. La bière mise en bouteilles se bonifie et se conserve beaucoup
plus longtemps qu'en pièces. Cette longue
conservation est proportionnée à la force de
cette boisson ; cependant on peut préparer
une bière légère qui se conserve très-bien
en employant, pour la rendre plus mousseuse, du sucre ou même du sirop de pom-
mes de terre bien épuré et clarifié au noir
animal. Ces dernières bières bien préparées
contiennent très-peu de mucilage, mais
aussi leur goût diffère de celui des autres,
elles sont moins douces et font dire qu'elles
sont sèches et n'ont pas de bouche.

Des bouchons.

Le choix des bouchons est très-important
pour la bonne conservation de la bière, soit
en pièces, soit en bouteilles. Les meilleurs
bouchons sont souples, unis et peu poreux.
De ces conditions, dépendent la facilité de
les enfoncer et leur imperméabilité, ce qui
est le seul garant de la conservation de la
bière en bouteilles. Un liége dur casse souvent les bouteilles et les bouche toujours mal
en laissant échapper du liquide ou introduire
de l'air.

Des petits plombs pour rincer les bouteilles.

Pour bien nettoyer les bouteilles, on se sert souvent de petits plombs qui, lorsqu'ils restent au fond des bouteilles, communiquent à la bière des propriétés malsaines ; on doit donc avoir soin, après avoir retiré les plombs, de rincer encore les bouteilles 2 ou 3 fois à l'eau propre ; ensuite, s'il reste encore du plomb, on doit l'enlever à l'aide d'un fil de fer et rincer de nouveau.

De la conservation de la levûre pendant plusieurs mois.

Quand on ne sait quoi faire de la levûre, parce qu'on en a excès, on en prend une partie qu'on verse dans un tonneau où on la fait dessécher, en l'agitant de temps en temps, pour que les parois de ce vase se recouvrent entièrement d'une couche égale de levûre. Quand la première couche est sèche, on opère de la même manière pour en avoir une deuxième, puis une troisième couche et ainsi de suite jusqu'à ce que toute la levûre soit desséchée.

Pour s'en servir, on coupe un morceau de cette levûre sèche et on le fait fondre dans de l'eau tiède.

Autre moyen de conserver la levûre.

Lorsqu'on mélange intimement avec des ferments, soit liquides, soit compactes ou pressés, une certaine quantité de noir animal, et que l'on expose le résultat de ce mélange à un courant d'air, ou qu'on le turbine pour le sécher, on obtient une poudre qui conserve ses facultés fermentescibles pendant un temps illimité par la propriété antiseptique de ce charbon.

Amélioration ou bonification des bières. — Du gaz acide carbonique naturel.

Depuis quelques années, on s'est attaché à rechercher le rôle que joue le gaz acide carbonique dans la fabrication de la bière, et on a considéré cet acide gazeux tant sous le rapport de la saveur et de l'agrément qu'il donne à cette boisson, que sous celui des propriétés hygiéniques qu'il peut lui communiquer, et c'est ce qui explique le soin tout particulier que les brasseurs de certains pays prennent aujourd'hui pour assurer le développement complet de cet agent qui, jusque-là, avait été assez négligé.

On sait que la fermentation principale est surtout consacrée au développement de l'alcool dans la bière, tandis que la fermenta-

tion complémentaire est destinée en partie
à celui de la mousse ou du gaz acide carbonique naturel. Sans traiter la question non
encore assez bien résolue de savoir si ce gaz
incorporé dans la bière par la fermentation,
y est fortement combiné, ou bien s'il y est
contenu de toute autre manière, par exemple, s'il l'imprègne comme cela a lieu artificiellement dans la fabrication des boissons
gazeuses, on a pensé qu'il y aurait un certain intérêt à rechercher quelle est la pression que cet acide exerce dans une bière
normale.

Pour résoudre cette question d'une manière générale dans des tonneaux fermés,
on a eu recours à l'expérience directe. A cet
effet, on a mastiqué avec soin un manomètre
ordinaire à air et à mercure bien calibré
sur une forte monture en laiton pourvue
d'un gros pas de vis, pour pouvoir le viser
dans la bonde d'un tonneau qu'on avait per-
cée pour cet objet, en prenant toutes les
précautions pour qu'il n'y ait pas de fuite
ou de déperdition de gaz. Voici les résultats
de quatre expériences qui ont paru satisfai-
santes pour décider la question de la pression du gaz acide carbonique dans la bière :

Dans une bière normale, la pression du
gaz acide carbonique naturel dans les ton-

neaux n'a guère dépassé deux dixièmes d'atmosphère.

A ces expériences, on en a rattaché d'autres propres à éclairer la question de savoir
quelle est l'influence que peut exercer une
plus forte pression, du moins celle qui se
développe d'elle-même dans la fermentation
en vase clos par le gaz acide carbonique qui
s'accumule, sur la marche de la fermentation, et sur le degré de perfection que
celle-ci peut atteindre dans de pareilles conditions.

En conséquence, on a examiné d'abord la
marche de la fermentation principale sous
sa propre pression avec exclusion de l'air
atmosphérique, et pour cela on a introduit
un moût auquel on avait ajouté de la levûre
dans un tube en verre d'environ 1 mètre de
longueur, 15 millimètres de diamètre, avec
une épaisseur de paroi de 2 millimètres.
Après l'avoir fermé par le bas, ce tube, qui
n'était pas entièrement plein, a été tiré à la
lampe en une pointe capillaire qu'on brisa
et ferma définitivement. Ce tube ainsi fermé,
il était facile de déduire, d'après le dosage
de l'alcool qui s'y développerait, le degré de
la fermentation dans ces circonstances et
l'influence de la pression du gaz acide carbonique qui se réunirait dans cette capacité

hermétiquement close. Enfin, pour avoir un terme de comparaison avec une fermentation normale opérée dans les mêmes conditions, on a fait constamment une expérience parallèle de fermentation avec le même mélange de moût et de levûre, mais en tube ouvert.

Plusieurs expériences de ce genre faites avec soin ont démontré que la fermentation était retardée en vase clos comparativement à celle en vase ouvert; mais restait à rechercher si cette durée plus grande était réellement due à la pression du gaz acide carbonique qu'on empêchait de se dégager, ou bien si ce n'était pas le faible mouvement qu'éprouvait la liqueur en fermentation dans cette clôture hermétique qui était la cause du ralentissement de cette fermentation.

On a donc pris quatre tubes qu'on a chargés avec un moût assez fort, mélangé intimement à de la levûre; deux de ces tubes ont été fermés à la lampe, et les deux autres sont restés ouverts; puis on a pris un de ces tubes de chaque espèce et on en a maintenu le contenu dans un état énergique de mouvement par une agitation fréquente, de façon que la levûre restât constamment suspendue dans la liqueur, et par conséquent fût plus fréquemment en contact avec elle.

8

En résumant les observations faites dans cette quadruple expérience, on a trouvé que la fermentation est singulièrement favorisée par le mouvement et la suspension de la levûre dans le moût, et d'un autre côté qu'elle n'est pas complétement compromise par la pression. Le moût contenu dans le tube clos et maintenu en repos, quoiqu'ayant été exposé plus longtemps, est resté dans son degré de fermentation notablement en arrière des autres essais. Ainsi le tube fermé en repos est celui qui a produit le moins d'alcool; le tube fermé et agité est celui qui en a fourni le plus; tandis que le tube ouvert en repos et celui ouvert et agité ont produit à peu près la même quantité d'alcool et le dernier un peu plus que l'avant-dernier.

L'agitation restant la même, la pression naturelle par le gaz acide carbonique présent ou son accumulation dans le moût, n'a donc pas d'influence retardatrice ou enrayante sur la fermentation. Au contraire, sans agitation, il paraîtrait que la fermeture hermétique d'un moût additionné de levûre a pour conséquence de retarder ou de ralentir la fermentation, car le gaz acide carbonique ne pouvant s'élever que difficilement dans la liqueur sous forme de bulles gazeuses, et par son mouvement ascensionnel entraîner les cellules de levûre, celle-ci reste presque immobile, c'est-à-dire n'est plus aussi complétement en contact avec de nouvelles portions de la liqueur susceptible de fermentation, laquelle ne se trouve plus dès lors dans des conditions aussi favorables pour éprouver ce mouvement intérieur.

Nous avons, entre les différents systèmes de fermentation en vase clos, celui de M. Souvestre, quai Saint-Louis, à Nantes, pour faire mousser, bonifier et conserver la bière, avec économie de main-d'œuvre, en utilisant le gaz acide carbonique produit par cette opération.

De la mousse.

L'abondance de la mousse étant dans la bière une qualité très-recherchée des consommateurs, le brasseur doit s'efforcer de procurer à cette boisson la propriété de fournir une belle et abondante mousse persistante qui couronne le verre.

Plusieurs moyens sont employés pour cet objet. D'abord le bondonnage. En effet, une bonde bien assujettie et qui clôt bien ou hermétiquement, appliquée sur un tonneau où la bière achève sa fermentation complémentaire, sans la laisser terminer complétement, oblige le gaz acide carbonique qui se forme

encore à se dissoudre dans la bière qui le
retient prisonnier jusqu'au moment où la
pression ainsi produite venant à cesser, le
gaz acide carbonique se dégage en bulles
qui produisent la mousse dont la bière doit
se couronner dans le verre (1). Seulement, il
faut s'assurer, par des épreuves, sur la tension que ce gaz éprouve à l'intérieur, épreuves qu'on peut faire au moyen d'un trou de
fausset ou de foret qu'on ouvre de temps à
autre, et mieux encore à l'aide d'une bonde
à soupape dont il sera parlé.

On ne doit pas, toutefois, entreprendre le
transvasement de la bière dans les tonneaux
sous une faible pression atmosphérique,
parce qu'alors tout le gaz acide carbonique
s'échappe pendant cette opération et qu'il
n'en reste plus assez pour donner la mousse
dans le verre quand on débite la bière.

Un moyen bien préférable au bondonnage
qu'on pratique plus communément à l'effet
de conserver le gaz acide carbonique, est

_____

(1) Le gaz acide carbonique peut être considéré comme
un agent de clarification dans la fermentation complémentaire des bières de fermentation haute ou basse, quand les
tonneaux sont bien pleins, et s'ils ne sont pas assez remplis c'est tout le contraire qui a lieu, parce que le gaz
carbonique entretient un mouvement continuel des matières troublantes.

l'emploi de caves où la température ne s'élève jamais au delà de 4 à 5 degrés centigrades à l'aide de la glace. Dans ces caves, la bonde n'est plus assez forcée par le gaz pour qu'il se développe une grande tension dans le tonneau, et c'est l'abaissement de la température qui détermine la solution du gaz acide carbonique dans la bière, gaz qui se dégage en abondance quand le tonneau est transporté dans un local plus chaud où a lieu le débit ou la vente, lorsqu'on verse la bière dans le verre.

La mousse d'une bière fortement bondonnée est plus impétueuse et plus grossière, surtout au moment où on entame le tonneau; mais elle perd peu à peu de son intensité, tandis que la bière, par abaissement de la température, est moins vivement mousseuse, plus fine et mieux soutenue jusqu'à l'épuisement du tonneau.

Du bondonnage.

Puisque le but du bondage est de s'opposer au dégagement du gaz acide carbonique, d'empêcher le contact de l'air qui acidifie si vite la bière et de conserver à cette boisson la qualité de mousser lors de son débit, il est évident que lorsqu'on transvase les bières, et surtout lorsqu'on débite ces boissons, en les versant dans des chopes, il doit y avoir un dégagement et une perte considérable de gaz acide carbonique. Or, comme le consommateur donne, et cela avec raison, la préférence à la bière qui se couronne, quand on la verse, d'une couche épaisse de mousse, il convient de conserver à cette boisson cette propriété.

Faisons remarquer que cette propriété de laisser dégager du gaz acide carbonique en plus ou moins grande abondance, lorsqu'on soutire ou transvase la bière est, jusqu'à un certain point, sous l'influence de la pression de l'air. Ainsi, telle bière qui sous une pression atmosphérique peu élevée, c'est-à-dire où le baromètre est bas, moussait fort bien, peut, si cette pression vient à diminuer ou, en d'autres termes, si le baromètre monte, ne plus donner qu'une faible proportion de mousse; on en conclut qu'il faut, autant qu'il est possible, ne pas soutirer les bières dans des tonneaux pendant que règnent les faibles pressions barométriques, si on veut leur conserver leur propriété d'être bien mousseuses.

De la bonde à soupape.

Nous avons dit précédemment que pour emprisonner le gaz acide carbonique dans

la bière pendant sa fermentation complémentaire, on avait recours au bondonnage,
mais que cette opération avec les bondes
ordinaires pouvait présenter quelques inconvénients. En conséquence, M. Habich a imaginé une bonde à soupape qui sert de régu-
lateur simple et sûr pour la tension du gaz
acide carbonique.

Cette bonde à soupape est d'un très-bon
service. Sa tête présente une gouttière
plane, et au milieu de la bonde est percé
un canal d'aérage, et tout autour de celle-ci
règne une rainu[illegible] Sur le trou dans la gouttière, on apr[illegible] bande mince de
caoutchouc [illegible] nt on tend les deux
bouts qu'on [illegible] e ficelle logée dans
la rainure. E[illegible], la bonde est toute
prête à servir et à être appliquée sur le tonneau.

Si on souffle par l'orifice de l'extrémité
inférieure, la feuille élastique de caoutchouc
se soulève et le vent s'échappe avec bruit
en ce point. Si au contraire on aspire au
lieu de souffler, le caoutchouc s'applique si
intimement sur cet orifice qu'il ne laisse
pénétrer aucun air extérieur.

On voit donc qu'au moyen de la tension
plus ou moins forte qu'on donne au caoutchouc, il oppose une résistance plus ou

moins grande au passage de l'air. Or, la bonde à soupape placée sur un tonneau, se comporte de même. Si le gaz acide carbonique acquiert une trop forte tension, la soupape s'ouvrira et l'excès de ce gaz s'échappera, puis la bonde se refermera jusqu'à ce que la fermentation complémentaire qui continue, ait accumulé de nouveau un excès de gaz à l'intérieur.

Plus on bande le caoutchouc, plus il faut que la pression soit élevée pour le soulever, et plus il y aura de gaz acide carbonique dissous dans la bière qui deviendra mousseuse. On peut donc obtenir par une tension modérée une bière suffisamment mousseuse, sans pompe à pression et sans troubler cette boisson.

D'un autre moyen de rendre la bière mousseuse.

On ajoute quelquefois du bicarbonate de soude pour rendre la bière mousseuse; mais c'est surtout en y ajoutant aussi de l'acide tartrique et une très petite quantité de sucre qu'on peut gazéifier la bière sans appareil particulier, quand la fabrication de cette boisson est entièrement terminée.

Du moyen empirique pour le pétillement de la bière.

PREMIER SECRET EMPLOYÉ AVANT LA FABRICATION.

Pour faire mousser la bière par l'effet du touraillage, on jette dans le feu et par intervalle un kilogramme de fleur de soufre environ pour un brassin de 40 à 50 hectolitres, et la bière moussera bien quand elle sera livrée à la consommation.

Du moyen empirique pour faire mousser la bière dans les tonneaux.

DEUXIÈME SECRET.

On emploie un demi-kilogramme d'avoine germée et non touraillée qu'on introduit dans le tonneau. En procédant ainsi, la bière deviendra mousseuse et gagnera encore en force.

Du moyen empirique pour la gazéification de la bière en bouteilles.

TROISIÈME SECRET.

Il est à remarquer que si on tire la bière en bouteilles peu de temps avant que la fermentation complémentaire soit complète-

ment achevée, elle deviendra très-mous-
seuse, fort agréable à boire et très-rafraî-
chissante ; mais dans ce cas, il faut toujours
se servir de bouteilles à champagne.

Des appareils pour les bières naturellement mousseuses.

Pour les bières gazeuses ou qui moussent
d'elles-mêmes, c'est-à-dire sans emploi d'appareils à gaz, on peut faire usage, en même
temps que des pompes ordinaires des débitants ou que de la pompe bruxelloise, de
divers appareils pour empêcher l'acide gazeux de se dégager. Ces bières se mettent
en perce et se soutirent par le robinet auquel
on adapte, pour leur salubrité, le tuyau en
verre à l'aide d'un manchon, ou le tuyau en
étain fin, ou celui en plomb doublé en étain
fin ou même en caoutchouc vulcanisé.

Sur le trou du tonneau doit se trouver un
fausset hermétique, ou tout autre appareil
du même genre, qui conserve jusqu'à la fin,
dans le fût, tous les gaz et tous les arômes
de la bière. Ce fausset hermétique, qui s'oppose d'une manière absolue à la sortie du
gaz et des arômes, ne laisse entrer de l'air
pour remplir le vide que lorsque la pression
dn gaz acide carbonique a entièrement cessé
dans le tonneau, par suite du soutirage déjà

effectué. De plus, toute quantité d'air une fois entrée dans ce vase, ne peut plus en sortir, ni se renouveler, parce que le fausset hermétique s'y oppose.

Le gaz et les arômes de la bière ne doivent pas non plus pouvoir s'échapper du côté de la pompe, car celle-ci, outre ses soupapes, doit être munie d'un bourrage tout aussi absolu et aussi hermétique que le fausset placé sur le tonneau. La conservation complète dans ce vase des arômes et des gaz de la bière est ainsi rendue certaine, quelle que soit la durée du soutirage.

Indépendamment de l'appareil précité, il en existe encore d'autres d'une grande utilité, selon les circonstances, ce sont :

Pour la température nécessaire, pendant l'été, au débit des différentes sortes de bière, de petits appareils réfrigérants extrêmement actifs, consommant peu de glace, applicables à toutes les pompes à bière des débitants de boissons; ou encore, des réfrigérants spéciaux aussi économiques qu'actifs, d'une utilité incontestable pendant les fortes chaleurs, d'une grande puissance sous un petit volume, et qui n'usent de la glace qu'au passage de la bière qu'ils frappent instantanément; ou même de simples bacs rafraîchisseurs dans lesquels on met, en été, de l'eau fraîche à laquelle on peut aussi ajouter de la glace, selon les circonstances.

Pour la conservation des gaz et des arômes de la bière, il y a des faussets hermétiques, des faussets hydrauliques, des bondes à soupape, etc.

Pour l'épuration de ces boissons, il y a des tuyaux avec filtres pui pourraient servir à l'épuration de certaines bières, en les clarifiant et en retenant tous les corps étrangers, comme les voltigeurs ou substances provenant de la colle mal dissoute, etc.

Pour le vieillissement de la bière, il y a des appareils vieillisseurs de M. Haeck, pour rendre potables les bières trop jeunes.

Enfin, par les différents systèmes de pompes et accessoires appropriés aux différentes sortes de ventes et de bières, on peut, à souhait, obtenir les meilleurs effets, et notez que ces bons résultats sont aussi profitables aux brasseurs qu'aux débitants : l'art de conserver et de débiter la bière dans les estaminets, cafés et tavernes, étant lié de la manière la plus directe et la plus intime à la prospérité de la brasserie; car tout le talent et toute la science du brasseur peuvent échouer et s'être produits en pure perte, si la bière sortie belle, limpide et savoureuse de cet établissement, vient à se dénaturer,

soit à cause que cette boisson est placée
dans une cave trop chaude, soit à cause que
la propreté y laisse beaucoup à désirer, soit
à cause que l'air n'y est pas toujours pur,
etc., etc.

Du gaz acide carbonique artificiel.

*Des appareils pour rendre artificiellement la
bière mousseuse en la conservant et en la
clarifiant.*

On sait donc maintenant que le gaz acide
carbonique joue le rôle le plus important
parmi les substances constitutives de la
bière, car non-seulement il lui est indispensable pour sa conservation, mais encore il
lui communique cette saveur si recherchée,
si agréable et si rafraîchissante. Aussi s'ef-
force-t-on dans le traitement des bières destinées à la conservation, de même que pour
celles qui doivent être livrées immédiatement à la consommation, d'y maintenir une
quantité appropriée de ce gaz qui s'y produit naturellement par la fermentation
haute ou basse et par le bondonnage, et
même sous l'influence de la température la
plus basse d'une cave parfaitement établie,
etc., et d'augmenter ainsi le contenu de gaz
acide carbonique naturel jusqu'à certaines

limites. Toutefois, ce n'est pas toujours de cette manière que ces opérations répondent le mieux au but que l'on s'était proposé ; car, c'est un problème un peu difficile que d'obtenir une juste mesure dans le développement naturel du gaz acide carbonique et l'exacte abondance de mousse exigée par la majorité des consommateurs. C'est pourquoi il est utile aux brasseurs et très-désirable de posséder des moyens différents de pouvoir donner à la bière, surtout aux bières vieilles ou qui se trouvent déjà très-avancées dans leur fermentation ultérieure ou tertiaire, ou qui par toutes autres causes, sont pauvres en gaz acide carbonique, une augmentation facile et assurée du contingent de cet acide gazeux et de communiquer ainsi à leurs produits le degré de mousse et de force voulu, tel que pourrait le posséder la bière dans les meilleures conditions.

De là, cette nécessité pour les brasseurs d'imprégner quelquefois par des moyens artificiels, leurs produits avec du gaz acide carbonique fabriqué par des moyens chimiques et à l'aide d'appareils particuliers.

Ces procédés consistent dans l'emploi des appareils très-ingénieux construits par MM. Hermann-Lachappelle et Glover, ainsi que par M. Ozouf, pour la préparation des boissons gazeuses dans son application à la fabrication des bières.

On sait du reste qu'on prépare le gaz acide carbonique artificiellement ou chimiquement, au moyen de l'action que l'acide sulfurique étendu d'eau exerce sur le carbonate, celui de chaux, par exemple, à cause de son abondance dans la nature, par le même procédé qu'on emploie pour fabriquer les boissons gazeuses ; mais qu'on pourrait aussi se servir d'un autre carbonate, et surtout du bicarbonate de soude qui présenterait des avantages économiques très-réels. Dans tous les cas, la production du gaz acide carbonique, n'entraîne qu'à des dépenses peu élevées qui sont bien compensées par les qualités que son introduction, en proportion convenable, communique à la bière.

Pendant longtemps, on s'est contenté pour rendre mousseuses les bières qui ne le sont pas, d'introduire dans les vases ou les bouteilles remplies au huit ou neuf dixièmes de bière non gazeuses une eau fortement gazeuse dans la proportion de dix à vingt pour cent ; ce qui faisait en réalité passer la bière de l'état de bière forte à celui de petite bière, tandis qu'en la rendant gazeuse directement sans avoir recours à un agent intermédiaire, on n'affaiblit pas la bière. Voici le moyen que M. Ratier a proposé à cet effet :

On amène d'abord la bière à gazéifier à l'état de limpidité parfaite, soit naturellement, soit par le repos, soit par l'effet des copeaux de bois de noisetier; l'usage de la colle de poisson, dans ce cas, devant être sévèrement évité. On emploie de préférence les bières à fermentation basse, dites de fabrication bavaroise, et celles à fermentation haute qui sont composées uniquement d'orge et de houblon.

M. Ratier s'est servi pour gazéifier ces bières de l'appareil continu à eaux minérales de M. Ozouf. Mais sa manière d'opérer dépend de la qualité des produits.

La bière à gazéifier est amenée dans l'appareil au moyen d'une pompe à double aspiration, sans secousse et sans évaporation. Le gaz acide carbonique artificiel en réserve dans un vase est, en même temps que la bière, aspiré dans l'appareil où il se mélange avec ce liquide. Ce mélange est activé au moyen d'un agitateur. Il suffit d'une pression de quatre atmosphères au maximum pour obtenir une bière très mousseuse.

Quant au remplissage des bouteilles, pour avoir une bière mousseuse artificiellement et presque à l'instant, il se fait à l'air libre avec la liqueur provenant de l'appareil et qui se présente sous la forme d'une mousse très-épaisse et abondante, et aussitôt que la bouteille est remplie avec ce liquide, on presse sur le bouchon introduit dans le cône à boucher. La mousse disparaît aussitôt. Le bouchon est alors refoulé à sa place où il est maintenu par un moyen quelconque. Les bouteilles sont conservées debout dans un lieu frais et livrées au commerce aussitôt que le gaz est entièrement dissous, ce qui a lieu après 5 ou 6 heures de repos.

Depuis que M. Ratier a proposé ce moyen pour saturer la bière avec le gaz acide carbonique artificiel, la fabrication des boissons gazeuses a fait d'importants progrès, et on a imaginé pour cet objet un grand nombre d'appareils, les uns simples pour une fabrication bornée, les autres plus compliqués et pour la fabrication en grand.

L'imprégnation du gaz acide carbonique artificiel dans la bière peut avoir pour but de la conserver et de la clarifier. Dans ce cas, on en imprègne cette boisson dans les tonneaux de garde, et on l'y conserve au moyen du bondage.

Mais si cette imprégnation a pour objet d'empêcher que la bière ne se détériore pendant le transport ou dans les caves des débitants, alors elle doit s'opérer dans les tonneaux au moment où la bière est sur le point d'être livrée à la consommation, tonneaux qu'on bouche avec soin pour que le gaz acide carbonique ne se dégage pas pendant les mouvements que leur fait éprouver le transport.

Enfin, c'est encore dans les tonneaux qu'on sature la bière de gaz acide carbonique, lorsqu'on veut y établir une pression à la faire remonter de la cave dans le lieu du débit jusqu'au comptoir et dispenser le débitant de l'emploi des pompes ordinaires.

L'imprégnation ne doit pas dépasser certaines limites dans lesquelles il faut se renfermer. Autrement, on court le risque de produire une bière qui s'échappe tumultueusement et se perd, ou bien la tension de l'acide gazeux à l'intérieur, peut faire sauter la bonde ou éclater le tonneau, toutes circonstances qui occasionnent des pertes et des accidents.

On ne doit saturer au gaz acide carbonique artificiel que les bières qui ont accompli toute leur fermentation complémentaire, attendu que ce gaz pourrait entraver ou suspendre cette opération et ne fournir

qu'une boisson d'une qualité inférieure ;
mais on peut, quelques jours avant cette
saturation, enrichir la bière en matière fermentescible, telles que du sucre de canne
ou de fécule, des sirops, etc., puis procéder
à l'imprégnation par le gaz acide carbonique artificiel en bouchant avec soin les
tonneaux.

On a aussi conseillé de faire passer dans
la bière à fût ouvert et plein jusqu'à la
bonde, un courant lent de gaz acide carbonique qui, en s'élevant à travers ce liquide
et entraînant devant lui toutes les impu-
retés, les chasse par l'ouverture du bondon,
afin qu'elles se déversent au dehors. Sans
doute, ce moyen peut remplir le but avec
les bières paresseuses et qui se clarifient
difficilement, mais il entraîne à plus de surveillance et d'embarras et exige un plus
grand nombre d'appareils, et par conséquent
plus d'emplacement, de dépense et de main-
d'œuvre.

On pourrait aussi, dans le remplissage
partiel des tonneaux de garde ou de saison,
où la bière reste quelquefois exposée pendant longtemps au contact de l'oxygène qui
pourrait déterminer son acescence, boucher
ces tonneaux et remplir le vide qui y reste
avec du gaz acide carbonique qui garanti-

rait les bières de toute altération pendant le travail des remplissages.

Ainsi, le gaz acide carbonique, nous ne saurions trop le répéter, procure à la bière une de ses qualités les plus appréciées, et un brasseur doit s'efforcer de charger ses produits avec une assez forte proportion de ce gaz. Il y a donc, comme on l'a vu, entre les divers moyens naturels et artificiels, pour atteindre ce but, les trois principaux ci-après :

Le premier consiste à conserver la bière dans des caves à basse température de 4 à 5 degrés centigrades. Le gaz acide carbonique qui se forme n'ayant, à cette température, qu'une faible tension, se dissout dans la bière, et lorsqu'on débite celle-ci, elle se couvre dans le verre d'une couronne de mousse fine, blanche, délicate et persistante.

Un autre moyen est le bondage qui empêche dans les tonneaux le gaz acide carbonique de se dégager et le force à rester emprisonné dans le liquide. Seulement, ce moyen doit être appliqué avec intelligence et mesure, pour qu'à l'ouverture de la bonde ou au soutirage, il ne se développe pas un mouvement tumultueux qui puisse occasionner des pertes et des accidents, surtout quand la pression barométrique vient à s'abaisser.

On prévient cependant tout danger et on réussit à charger la bière de la quantité de gaz acide carbonique naturel qui convient, par l'emploi de la bonde à soupape dont nous avons parlé.

Le troisième moyen pour régler la proportion de gaz acide carbonique et qui n'a été que peu pratiqué jusqu'à ce jour par les brasseurs, consiste à saturer la bière à l'aide d'appareils spéciaux avec ce gaz. Mais si ce procédé n'est pas encore apprécié comme il le mérite dans les brasseries, il est actuellement mis en usage dans la cave des débitants, et c'est ce qui nous détermine à entrer dans quelques détails sur ces appareils à pression.

Des meilleures pompes de débit.

Les pompes aérophores, dites pompes automatiques ou à air comprimé et les pompes à gaz, sont les meilleurs appareils à pression pour les débitants de boissons.

Des pompes aérophores.

Les pompes aérophores simplifiées pour l'ascension des bières jusqu'au comptoir des

débitants et dans la chope du consommateur en ouvrant simplement un robinet, ont
la propriété de faire mousser et crêmer la
bière par la forte pression de l'air atmosphérique.

L'usage de ces pompes, quoique très utile
aux débitants qui vendent plusieurs tonneaux de bière par jour, serait moins avantageux et même nuisible à ceux dont le
débit serait trop restreint ; parce que la
grande quantité d'air nécessaire à l'ascension du liquide, en traversant avec force le
contenu du tonneau, pourrait éventer, puis
acidifier la bière dans un court laps de
temps.

Mais pour les débitants de cette dernière
catégorie, c'est l'emploi des pompes à gaz
qui peut leur être convenable (1).

Cependant, sous le rapport de sa construction, l'appareil à air comprimé ne
laisse rien à désirer, tant à cause qu'il est
simplifié qu'à cause de la forte pression
d'air qu'il produit : quelques coups de pom-

---

(1) Pour les débitants dont la vente est par trop res-
treinte pour faire l'achat de pompes à gaz, on a des
robinets à seringue et des robinets à piston, système
Dreher, qui font mousser et crêmer la bière en la tirant
du tonneau et qui peuvent suppléer jusqu'à un certain
point à ces sortes de pompes.

pes, qui peuvent même être donnés par un
enfant, suffisent pour obtenir toute la quantité d'air nécessaire à une journée de vente.
A l'aide d'un manomètre qui y est adapté,
il est facile de s'apercevoir quand le volume
d'air est suffisant pour l'ascension de la bière
pendant 24 heures. Mais pour faire usage
de cet appareil, il faut des tonneaux renforcés capables de supporter une forte pression, tonneaux qui, d'ailleurs, sont les meilleurs qu'on puisse employer en toute occasion.

Les avantages qu'offrent les pompes à
pression pour le débit des bières, sont déjà
assez connus, nous ne croyons donc pas nécessaire d'ajouter des remarques à ce sujet.
Mais quels que soient leurs avantages, on ne
peut perdre de vue que l'emploi de ces pompes, soit ignorance, soit inattention, soit
négligence d'avoir toujours un air pur par
la grande propreté de l'endroit où fonction-
nent ces appareils, contribue quelquefois
à gâter la bière au lieu de l'améliorer comme
il devrait le faire, par le manque de soins
dans leur usage.

Il faut surtout considérer que l'air atmosphérique, employé à l'état comprimé pour
ces pompes, ne peut exercer son influence
conservatrice sur la bière que d'une ma-

nière passagère, tandis que par un contact prolongé avec cette boisson l'air produit un effet tout à fait contraire, et donne quelquefois lieu à des résultats fâcheux.

Dans tous les établissements où il se fait une forte consommation, où plusieurs tonneaux sont vidés dans la journée, il n'est pas facile de faire des observations à ce sujet, parce que l'air qui contient de l'oxygène, ne reste que peu de temps en contact avec la bière ; mais c'est différent dans les débits où un tonneau de bière reste quelquefois un ou plusieurs jours sous la pression de l'air quand la vente s'est ralentie.

Cette influence pernicieuse de l'air atmosphérique sur la bière, se fait sentir d'une manière plus évidente, si le tonneau reste un trop grand nombre d'heures avant d'être en vidange ; alors cette boisson s'évente, devient plate et désagréable à boire, lors même que les soins de propreté pour les tuyaux, les conduits et le réservoir d'air ont été strictement observés.

Des pompes à gaz.

Dans le cas de débit assez restreint surtout, l'emploi du gaz acide carbonique artificiel au lieu de l'air atmosphérique comprimé obvie à tous ces désavantages et à tou-

tes ces conditions vicieuses, parce que le gaz
acide carbonique a des qualités toutes spéciales pour conserver et améliorer les bières
d'une manière très-sensible et leur donner
un goût des plus agréables.

Tout le monde sait d'ailleurs combien le
goût est affecté par la présence du gaz acide
carbonique dans les boissons et comment
cet acide gazeux fait éprouver dans la bouche et dans l'estomac un sentiment de fraîcheur. C'est surtout dans la bière qu'on re-
cherche cette agréable sensation et ce pétillement des bulles de gaz acide carbonique,
et les débitants doivent, pour ces motifs.
chercher à charger cette boisson d'une assez
forte proportion de cet acide gazeux.

A cet effet, les pompes à gaz, en faisant
monter au comptoir la bière jusque dans
la chope du consommateur, en ouvrant seulement un robinet, ont la propriété de faire
mousser fortement cette boisson, de la rendre crêmeuse et de lui communiquer ce goût
agréable et frais en l'empêchant de s'éventer et de s'acidifier ; avantages bien importants qui méritent d'être appréciés à leur
juste valeur, et obtenus par l'effet de la pression du gaz acide carbonique artificiel.

Des aromates qui bonifient la bière.

Comment on peut communiquer aux bières des qualités particulières relatives à leur saveur et à leur odeur, etc.

Le goût des consommateurs diffère beaucoup; l'un peut trouver une bière excellente, tandis qu'un autre la trouvera seulement passable; ainsi, il peut se présenter des cas où, dans certaines circonstances, il peut être d'un grand avantage de donner à la bière des propriétés spéciales en ce qui a rapport à la saveur et à l'odeur, c'est-à-dire en y ajoutant des aromates non nuisibles, pour se conformer aux exigences de la clientèle, ainsi que pour masquer le mauvais goût de certaines bières détériorées, ou les préserver de la moisissure, etc.

A cet effet, l'on prend habituellement de la canelle, des clous ou de l'essence de girofle, des muscades, du gingembre, des raisins de Corinthe, de la coriandre, des baies de genièvre, des graines d'anis surtout étoilées, de l'écorce de citron, des graines de paradis, des racines d'acore, du roseau odorant, des baies de laurier, de la racine d'iris de Florence, du maïs, etc., etc.

Elles doivent être préalablement pilées

ou coupées. On prend une seule de ces sub-stances ou plusieurs mêlées ensemble et qu'on emploie de différentes manières, selon qu'on veut améliorer des tonneaux de bière fabriquée ou un brassin en fabrication.

Dans le premier cas, on en renferme une petite quantité dans un sachet en toile pro-pre qu'on suspend dans le tonneau où se trouve la bière. Dans l'espace de six à huit jours, la bière aura déjà pris le goût et l'odeur des ingrédients qu'on aura mis ainsi en contact avec elle ; ce goût et cette odeur ne doivent pas être très-forts, c'est-à-dire qu'ils ne doivent pas prédominer. Cette bière parfumée peut alors être débitée directe-ment des tonneaux ou bien être mise en bouteilles.

Dans le second cas, puisqu'on ne se con-tente pas toujours dans la fabrication de l'arôme que donne le houblon à la bière, on y ajoute diverses saveurs pour améliorer ou bonifier cette boisson, masquer certains dé-fauts ou imiter certaines bières étrangères ou autres, sans cependant changer le mode de fabrication, saveurs qu'on emprunte com-munément aux semences, aux fruits, aux ra-cines, aux fleurs, aux résines, à la sève de certains arbres, ou aux plantes qui renfer-ment une huile essentielle, etc. Cette huile

essentielle pourrait être ajoutée à la bière
sous forme pure ou en mélange avec la gly-
cérine, maïs on préfère ordinairement intro-
duïre ces substances en nature ou dans la
chaudière, ou dans les bacs refroidissoirs ou
dans la cave à fermentation, selon que leur
essence est plus ou moins fugace ou peut se
volatiliser plus ou moins facilement pendant
l'ébullition, ce qui prouve très-souvent une
saveur délicate, mieux fondue et une économie.

C'est ainsi qu'on ajoute assez fréquemment au porter en Angleterre, de l'essence
de bouleau, qui sert à donner une odeur
particulière aux cuirs dits de Russie, et en
Allemagne des essences provenant de la distillation des résines de sapin, ou de la poix
fine brun-jaunâtre, première qualité, qu'on
fabrique dans le Tyrol, à laquelle les consommateurs tiennent beaucoup, à cause de
son odeur fine et aromatique qu'elle communique à la bière par le goudronnage des
tonneaux. Ce goudronnage n'a eu originairement d'autre but que la propreté de ces
vases ; mais on a bientôt remarqué qu'un
tonneau enduit de poix préserve la bière
contre l'acidité, et ensuite on s'est convaincu que cela influe non-seulement sur la
saveur de la bière, mais encore que cela

sert à empêcher l'accès de l'air extérieur et à éviter aussi l'échappement du gaz acide carbonique et l'évaporation de l'alcool par les fissures des douves et les pores du bois, et cela encore, malgré que les tonneaux en Allemagne, soient presque toujours renforcés et capables de supporter une forte pression.

Ainsi, les matières purement aromatiques qui sont la plupart des huiles essentielles d'une odeur suave et franche et les ingrédients qui les renferment, peuvent aussi être employés pour aromatiser la bière concurremment avec le houblon. Mais parmi le grand nombre de matières de ce genre, les brasseurs, encore en bien petit nombre, n'emploient guère que les graines de coriandre, de carvi, de paradis, les fleurs de sureau, le calamus aromaticus et le gingembre ; encore ces derniers ingrédients ne sont-ils employés que pour certaines bières et dans le but de leur communiquer un bouquet ou arôme particulier.

D'un moyen de donner un bon goût à la bière.

Dans certaines bières et surtout dans les bières anglaises, on ajoute quelquefois du *chlorure de sodium* pour en améliorer la saveur. C'est principalement pour remédier au mauvais goût d'été que contractent certaines bières brassées pendant les fortes chaleurs, qu'on emploie le sel, surtout concurremment avec le sucre, après leur fabrication terminée.

D'un moyen empirique pour la bonification de la bière.

Pour communiquer à la bière, quoique jeune ou nouvellement fabriquée, une odeur agréable et une saveur piquante, on jette pendant l'ébullition un morceau de colophane qu'on fait bouillir avec la bière. Le moment le plus convenable pour l'emploi de la colophane en chaudière, c'est lorsqu'on y met le houblon.

D'un moyen empirique pour l'amélioration et la conservation de la bière.

On emploie un demi-kilogramme de racines de sassafras pour vingt hectolitres de bière. On fait cette addition en chaudière deux heures avant de terminer l'ébullition. C'est un des meilleurs et des plus sûrs moyens de conserver la bière en la bonifiant.

D'un moyen empirique pour donner un goût vineux à la bière.

On se sert d'une futaille à vin vide et fraîche avec sa lie, on la remplit de bière et on y fait l'addition d'un quart de litre d'eau-de-vie. Sans tarder, toute la boisson renfermée dans la pièce, prend un bon goût de vin, se clarifie et devient délicieuse.

D'un moyen empirique pour le vieillissement de la bière trop jeune.

Pour vieillir une bière trop jeune et lui donner les mêmes qualités qu'à une bière assez âgée ou bien potable, on prend une quantité suffisante de bière du même brassin que celle sur laquelle on veut opérer, on la chauffe dans un vase sans la mettre en ébullition ; ensuite on verse cette bière ainsi chaude dans le tonneau. Cette dernière mettra la première en fermentation et la rendra de suite potable.

D'un autre moyen empirique pour le vieillissement de la bière nouvellement brassée.

On met un verre de vinaigre de bois dans un tonneau de bière, et plus on désire qu'elle se boive vieille, plus on doit y ajouter de ce vinaigre. Ce moyen est à rejeter.

Des substances employées en remplacement du houblon.

Dans le but de remplacer en partie le houblon dans la bière, on y mélange quelquefois une certaine quantité de substances amères ou d'autres matières qui la falsifient aussi en la rendant plus enivrante, etc., comme l'*opium*, les *semences de coques du Levant*, la *strychnine*, l'*aloës*, la *noix vomique*, le *poivre d'Espagne*, la *noix de galles*, les *têtes de pavots*, la *gentiane*, la *quassie*, le *gingembre*, les *clous de girofle*, la *racine de pyrèthe*, le *ménianthe trifoliata*, la *petite centaurée*, l'*absinthe*, le *buis* et beaucoup d'autres substances.

Quelques-unes des matières indiquées doivent donc servir à donner à la bière une saveur plus amère, ou bien, ainsi que cela se présente pour les substances toxiques, à lui faire exercer sur l'organisme une action plus énergique qui vienne en aide à l'action de l'alcool.

Il n'est pas besoin de dire ici que toutes les additions indiquées ne peuvent pas toujours être reconnues avec certitude par l'analyse de la bière. Pour reconnaître la présence de certaines substances, les seuls caractères qui restent quelquefois à notre disposition, sont l'odeur et la saveur que prend la bière elle-même par l'évaporation, ou bien l'odeur et le goût que prennent son extrait aqueux et son extrait alcoolique ; en comparant cette odeur et cette saveur avec l'odeur et la saveur particulières des substances indiquées, on peut arriver à la conclusion qu'une de ces substances existe probablement dans la bière.

Des moyens d'isoler certaines matières toxiques, ainsi que certaines autres substances employées en remplacement du houblon.

Graham et Hofmann ont recherché dans un grand nombre de sortes de bières la *noix vomique* ou bien la *brucine* et la *strychnine*. On évapore la bière, en ayant soin d'opérer sur une grande quantité de cette boisson, parce que l'on ne doit pas compter sur l'addition d'une grande quantité de ces substances étrangères qui sont souvent nuisibles à la santé et même quelquefois empoisonnantes. On épuise l'extrait par l'alcool. C'est dans cet extrait que l'on doit rechercher la strychnine et la brucine. On évapore cette dissolution et on épuise le résidu par l'éther. Dans le résidu de l'évaporation de cette dissolution, on peut reconnaître la pré-

10

sence de la strychnine, en ajoutant de l'acide sulfurique, puis un cristal de bichromate de potasse. S'il y a de la strychnine, il se produit une coloration violente qui persiste pendant peu de temps. Cette réaction, indiquée par Lefort et par Thomson, a été employée par Graham et par Hofmann, pour rechercher la strychnine dans un grand nombre de bières anglaises, dans lesquelles ils n'en ont pas trouvé; 50 milligrammes de strychnine sont nécessaires pour rendre un litre de pale-ale aussi amer qu'il le serait si l'on y ajoutait la quantité de houblon ordinaire, et cette quantité de strychnine est plus que double de celle qui est nécessaire pour donner la mort à un homme. Considérée à ce point de vue, la question présente une importance très-grande.

Pour isoler la strychnine contenue dans la bière, Hassall conseille d'évaporer la bière, d'épuiser l'extrait par l'alcool, de précipiter par une petite quantité d'acétate de plomb, de filtrer, de séparer le plomb au moyen de quelques gouttes d'acide sulfurique, de filtrer de nouveau et d'évaporer la liqueur.

Brieger pense que la réaction exercée sur la strychnine par l'acide sulfurique et le bichromate de potasse perd beaucoup de sa netteté et peut même ne pas avoir lieu en présence de la morphine, de la quinine et du sucre : il n'en est pas ainsi en présence de l'amidon et de la santonine.

La manière de reconnaître la présence de la strychnine dans un mélange de différentes substances, et par conséquent aussi dans la bière, a été étudiée avec détail par Girdwood et Rodgers. Ces chimistes ont employé la méthode suivante : On fait bouillir pendant quelque temps les matières solides et par conséquent aussi l'extrait de bière, avec de l'acide chlorhydrique; on évapore; on traite le résidu par l'alcool; on évapore de nouveau; on traite le résidu par l'eau et on agite avec du chloroforme et on traite au bain-marie le résidu par l'acide sulfurique concentré, afin de décomposer les substances organiques qui ont pu se dissoudre dans le chloroforme. On traite le résidu par l'eau, on agite avec du chloroforme et on recommence deux fois le dernier traitement. Toutes les substances organiques qui peuvent s'y trouver, étant alors décomposées, on dissout le sel de strychnine dans le chloroforme, en agitant sa dissolution aqueuse avec du chloroforme ; on évapore lentement et par petites portions le chloroforme sur une portion très-restreinte d'une petite capsule de porcelaine, afin que le résidu occupe un espace aussi petit que possible ; on ajoute de l'acide sulfurique au résidu de l'évaporation, puis on additionne le tout d'une petite quantité de bichromate de potasse. S'il existe la plus faible trace de strychnine, il se produit une coloration.

Pour reconnaître la présence de l'*opium* dans la bière, on cherche s'il y existe de la morphine. Dans ce but, on évapore la bière, on traite le résidu par l'alcool ; on évapore la dissolution alcoolique ; on dissout le résidu dans de l'eau additionnée de quelques gouttes d'acide acétique ; on précipite par l'acétate de plomb ; on filtre ; on fait passer de l'hydrogène sulfuré dans la liqueur ; on filtre de nouveau ; puis on évapore. S'il y a de la morphine, l'acide nitrique doit déterminer une coloration rouge. On peut, du reste, essayer encore au moyen d'autres réactifs s'il y a de la morphine.

Il n'existe malheureusement aucun réactif chimique qui permette de reconnaître la présence de la *belladone* et de la *jusquiame* dans la bière.

Suivant Chevallier, on a employé l'*acide picrique* comme succédané du houblon dans la préparation de la bière. Pour le découvrir dans cette boisson, Lassaigne conseille de filtrer la bière sur du charbon animal ou de la traiter par le sous-acétate de plomb. Dans les deux cas, la bière est décolorée, lorsqu'elle est pure ; si, au contraire, la bière contient de l'acide picrique, elle n'est pas décolorée. S'il existe de l'acide picrique dans la bière, elle reste amère, après l'addition du sous-acétate de plomb, tandis que, s'il y avait seulement du houblon, la substance amère du houblon est précipitée par l'oxyde de plomb.

On pourrait découvrir de cette manière dans la bière une quantité d'acide picrique s'élevant à 1/12000 et même à 1/18000. Cette méthode doit donner des résultats erronés ; en effet, la substance amère du houblon n'est pas entièrement séparée de la bière par cette méthode.

Dumoulin a présenté à l'Académie des sciences de France une bière qui contenait pour 1 hect., 0 gr. 25 d'acide picrique et qui ne contenait pas de houblon. Il a dit que la fermentation avait présenté un cours régulier, et il a émis l'opinion que l'emploi de cette bière méritait d'être recommandé dans la marine comme antiscorbutique.

Nous ne savons pas si, depuis cette époque, les marins français ont fait régulièrement usage d'acide picrique.

Pour découvrir la présence de l'acide picrique dans la bière, Pohl conseille d'y ajouter de la laine blanche qui n'ait pas été peignée et de faire bouillir le tout pendant six à dix minutes. S'il y a de l'acide picrique, la laine devient jaune, et cette coloration jaune est d'autant plus foncée qu'il existe plus d'acide picrique dans la bière.

On peut, suivant Herapath, découvrir dans la bière la présence de la *picrotoxine* qui vient de ce que l'on a ajouté à cette boisson une certaine quantité de semences de coques du Levant et qui est un poison amer, très-dangereux, en ajoutant à la bière de l'acétate de plomb, et en séparant de la liqueur l'excès de plomb au moyen de l'hydrogène sulfuré ; on filtre ; on fait bouillir la liqueur; on évapore, puis on fait digérer le liquide avec du charbon animal. Ce charbon contient alors la picrotoxine qu'on lui enlève au moyen de l'alcool ; on filtre, puis on évapore l'alcool. Si la quantité de picrotoxine est suffisante, elle se dépose de l'alcool avec sa forme cristalline caractéristique.

Schlossberger conseille de donner à des animaux les extraits des bières dans lesquelles on suppose des substances toxiques et d'observer l'action qu'elles exercent. La

belladona, par exemple, dilate la pupille, etc.
Le conseil nous paraît très-bon.

Des moyens de découvrir la présence de la craie et du bicarbonate de soude dans la bière.

Lorsque la bière est devenue acide, on y ajoute souvent de la craie ou du bicarbonate de soude dans le but de remédier à cet inconvénient. On peut alors facilement découvrir, dans l'extrait fourni par cette bière, de l'acétate de soude ou bien de l'acétate et du lactate de chaux. Par la distillation de cet extrait avec de l'acide sulfurique, on obtient de l'acide acétique. L'extrait de bière fournit bien toujours une certaine quantité d'acide acétique, mais lorsqu'on a ajouté de la craie ou du bicarbonate de soude dans le but d'enlever à la bière sa saveur acide, il s'en trouve beaucoup plus. On reconnaît la présence d'une trop grande quantité de lactate, en faisant bouillir la bière avec du carbonate de zinc ; le lactate de zinc se sépare alors sous la forme d'un dépôt cristallin. Par l'incinération d'une autre portion de l'extrait, une pareille bière fournit une quantité considérable de chaux ou de soude.

On peut aussi reconnaître la présence de la chaux par quelques gouttes d'oxalate d'ammoniaque versées dans un verre de bière. Si la bière en contient, il se forme une combinaison qu'on appelle oxalate de chaux (liquide blanc) qui se précipite au fond du verre et que, par conséquent, on constate facilement.

Pour constater la présence de l'alun employé pour la clarification de la bière.

Pour clarifier la bière, on y ajoute assez souvent de la colle de poisson. Mais comme la bière est une liqueur peu alcoolique et comme la combinaison de la colle de poisson et de l'acide tannique est soluble dans l'acide lactique, la colle de poisson ne se sépare alors qu'incomplétement de la bière. Pour accélérer cette séparation, on ajoute quelquefois préalablement une dissolution d'*alun*. C'est seulement dans des cas rares que ce dernier est entièrement séparé de la colle de poisson. Pour démontrer la présence de l'alun dans la bière, on l'évapore jusqu'à siccité; on incinère le résidu et on le traite par l'eau bouillante. Le carbonate d'ammoniaque indique la présence de l'alumine.

De la présence du suc de réglisse dans la bière.

On peut découvrir la présence du suc de réglisse dans la bière, à l'odeur caractéristique qui se fait sentir lorsqu'on évapore la bière qui en contient.

Pour constater la présence du cuivre dans la bière.

La présence du cuivre, soit provenant de la chaudière, soit provenant du sirop de fécule employé dans le but d'augmenter la quantité d'alcool qui se produit par la fermentation du sucre contenu dans la composition du malt, etc., ce sirop contenant quelquefois du cuivre, est facile à reconnaître. On évapore la bière, on carbonise le résidu et le traite par l'acide nitrique. On peut alors s'assurer de la présence du cuivre à l'aide de l'hydrogène sulfuré, au moyen de l'ammoniaque ou au moyen des réactifs ordinaires de ce métal.

Pour constater la présence du plomb dans la bière.

Le plomb que l'on peut rencontrer dans la bière, provient des appareils ou des tuyaux en plomb que l'on emploie dans les brasseries et principalement des tuyaux en plomb des pompes des débitants. Suivant Meurein, certaines bières peuvent encore contenir du plomb, parce qu'on y aurait ajouté à dessein de la litharge ou des sels de plomb pour rendre la bière plus claire ou pour saturer les acides ; ce qui est très-nuisible à la santé. Dans tous les cas, on reconnaît la présence du plomb de la même manière que l'on constate celle du cuivre, en évaporant la bière, en carbonisant le résidu et en le traitant par l'acide nitrique ; le sulfate de soude, l'hydrogène sulfuré et les autres réactifs ordinaires indiquent alors la présence du plomb.

Des réactifs propres au brasseur.

Nous indiquons, en outre, divers réactifs indispensables aux brasseurs qui veulent se rendre un compte exact de la marche de certaines opérations et de l'état chimique de quelques-unes de leurs matières premières :

1º Azotate d'argent pour constater dans l'eau la présence du chlore et des chlorures.

2º Bichlorure de mercure ou tannin (ad libitum) pour accuser la présence des matières organiques.

3º Chlorure de barium pour découvrir la présence de l'acide sulfurique.

4º Iode dissous dans l'alcool, pour connaître s'il existe de l'amidon non attaqué.

5º Oxalate d'ammoniaque, pour s'assurer de la présence de la chaux.

6º Papier de tournesol, pour connaître la présence des acides en général. Au contact des acides, le papier de tournesol passe immédiatement du bleu au rouge.

7º Potasse ou ammoniaque (ad libitum), pour précipiter le gluten lorsqu'il est dissous par les acides.

8º Réactif de Frommherz pour constater la présence du glucose dans les bières.

Disons quelques mots sur la manière de préparer ce réactif. On dissout dans l'eau parties égales de sulfate de cuivre et de tartrate de potasse; on mêle les deux dissolutions, et on y ajoute de la potasse caustique en quantité suffisante pour dissoudre en grande partie le précipité. On a ainsi une liqueur d'une belle couleur bleue.

Il suffit pour constater la présence du glucose, d'ajouter ce réactif au liquide que l'on veut analyser, en quantité suffisante pour lui communiquer une faible réaction alcaline, ce dont on peut se convaincre en mettant un papier de tournesol rougi par les acides en contact avec la liqueur obtenue ; si celle-ci exerce réellement une réaction alcaline, le papier de tournesol reprendra sa couleur bleue primitive. Si on emploie le sirop de violette, celui-ci verdira au contact de la potasse. On porte le tout à l'ébullition ; si la bière, ou tout autre liquide soumis à l'analyse, contient du glucose, la liqueur se colore en jaune rougeâtre, et il se dépose au fond du vase un précipité rouge de protoxyde de cuivre.

Si on opère sur de la bière colorée elle-même en jaune rougeâtre, on ne pourra reconnaître la présence du glucose qu'à l'abondance du précipité rouge dont nous venons de parler. Il suffit d'ailleurs, pour le recueillir, de jeter le tout sur un filtre de papier Joseph.

9º Sous-acétate de plomb, pour précipiter le gluten, l'albumine végétale, et indiquer la présence du tannin.

10º Sulfate de protoxyde de fer, pour constater également la présence du tannin, avec lequel il forme de l'encre.

11º Tannin, pour précipiter le gluten lorsqu'il est en dissolution dans un liquide acide ou dans un liquide alcalin.

Il est bien entendu que chacun de ces

réactifs doit toujours être employé à l'état de dissolution dans l'eau distillée.

Malheureusement, la science n'a pas encore de réactif propre à déceler directement la présence de l'acide acétique (vinaigre) dans les liqueurs, et ce fait est d'autant plus regrettable qu'il nous eût été d'un grand secours dans de nombreuses circonstances. Cependant l'analyse chimique indique presque toujours des procédés infaillibles pour arriver à ce but.

Ainsi, nous donnons des réactifs ou des moyens de constater la présence du chlore et des chlorures qui saturent certaines eaux ; d'accuser la présence de la noix vomique ou bien de la brucine ou de la strychnine, la présence de l'opium, de l'acide picrique, des coques du Levant, de l'acide sulfurique, de l'alun, de la craie, de la chaux, du bicarbonate de soude et de la potasse, même du cuivre, du plomb, de la litharge ou des sels de plomb dans la bière. Enfin, des procédés pour décomposer les substances organiques qui peuvent se trouver dans cette liqueur, telles que l'amidon non attaqué, le tannin, le gluten, l'albumine végétale, etc.

De l'emploi du maïs en remplacement du froment.

Le gros maïs, connu sous le nom de blé de Turquie, est originaire des provinces méridionales de l'Amérique où, depuis bien des siècles, on l'emploie à la fabrication d'une espèce de boisson fermentée à laquelle on devrait donner le nom de bière de maïs, parce qu'elle est le résultat de l'ébullition et de la fermentation de ce grain (1). Il y a très-peu de brasseurs qui, malgré son prix peu élevé, en emploient en mélange avec l'orge maltée, en remplacement du froment, et ce petit nombre s'en trouve fort bien.

Et comme cet usage peut être très-utile

---

(1) Le soi-disant vin des Cordillières est préparé avec du maïs. On obtient cette chicha en faisant séjourner le maïs dans l'eau pendant 6 à 8 heures, en le faisant sécher, en le réduisant en farine très-fine et en le faisant bouillir. On mélange ensuite la bouillie avec quatre fois et demie son volume d'eau et on laisse fermenter à une température de 16 à 18 degrés. Au bout de 24 heures, lorsque la fermentation cesse d'être tumultueuse, on peut boire la chicha. C'est une boisson très-forte qui doit être consommée rapidement, parce qu'elle devient très-vite acide.

Cette boisson est si nutritive qu'elle est quelquefois même le seul aliment de personnes qui doivent être astreintes à un travail très-pénible.

dans certaines circonstances, nous allons entrer dans quelques détails sur son bon mode d'emploi.

Le maïs, pour en obtenir un rendement avantageux dans les brasseries, devrait être réduit d'abord en farine très-fine ; puis pour la fabrication des bières on devrait le traiter comme on fait pour la farine de froment qu'il pourrait remplacer, c'est-à-dire lui faire subir une saccharification en due forme.

Quelques expériences nous portent à croire qu'en traitant convenablement ce grain, concurremment avec l'orge germée, on en obtiendrait une bière excellente et un rendement même plus avantageux qu'avec du froment ; mais il n'est pas bien aisé de le saccharifier.

Nous aimons à en prévenir à l'avance ceux qui voudraient en faire usage. Pour arriver au but proposé et à l'épuisement de ce grain, il faut :

1º Du malt d'orge irréprochable, germé long et touraillé à une douce chaleur ;

2º Une mouture parfaite ;

3º Un système de brassage et de saccharification bien entendu et bien dirigé.

Essayer l'emploi du maïs en brasserie quand on ne se trouve pas dans des condi-

tions capitales, c'est tenter l'impossible et
sé préparer inconsidérément bien des dé-
ceptions.

De la biére de miel.

COMPOSITION.

Miel ordinaire	100	kilogr.
Houblon	8	»
Sel de cuisine	1/4	»
Caramel, quantité suffisante		
Eau	500	»
Charbon de bois	10	»
Blanc d'Espagne	2	»
Œufs, 8		
Levûre	2	»

PRÉPARATION.

On infuse le houblon et le sel dans une
suffisante quantité d'eau à trois reprises différentes et de quatre en quatre heures, ensuite on fait fondre le miel dans l'eau res-
tante, et aussitôt que le mélange est chauffé
à ne plus pouvoir y tenir la main, on y
ajoute, préparés à l'avance, les blancs
d'œufs bien battus et rendus en mousse dans
un litre ou deux d'eau froide. On cesse ensuite de remuer pour donner seulement trois
à quatre minutes d'ébullition, et l'on jette

le tout dans des poches de flanelle pour le filtrer. On a alors un liquide bien clair et de bon goût. On le réunit aux trois infusions de houblon, et si le mélange ne possède pas assez la couleur de la bière ordinaire, on lui ajoute du caramel, après quoi, lorsque la température est tombée à 18 degrés, on le met en fermentation par une petite addition de levûre. La fermentation se déclare ordinairement au bout de deux heures. On la gouverne de même que la fermentation de la bière d'orge. Cette bière joint à une bonne odeur, une saveur agréable et mousse beaucoup.

De la bière spruce.

Après avoir versé soixante-huit litres d'eau bouillante sur six ou huit kilogrammes de sirop de candi et un demi-kilogramme d'essence de frêne, on laisse refroidir ce mélange à la température tiède, on y fait une addition de levûre et on laisse fermenter. Pendant toute la fermentation, on doit enlever l'écume. Deux jours après, lorsque la fermentation est achevée, on met la bière en bouteilles. On peut boire cette bière après la dernière opération terminée, mais plus elle vieillit, plus elle devient bonne.

On peut aussi faire de la bière spruce en

remplaçant le sirop par du sucre qui est préférable à la mélasse. Si au lieu d'eau, on emploie du moût de bière, on obtient de la bière spruce de première qualité.

De la bière d'épices.

DES MEILLEURES SUBSTANCES POUR LA FABRIQUER.

L'absinthe, la racine d'aunée, les baies et surtout les fleurs sèches de sureau, l'herbe de mélisse, l'hysope, le romarin, la buglose, l'euphraïse, le coqueret, la lavande, l'armoise, les feuilles de lauriers et les graines d'anis, sont des matières très-convenables pour fabriquer la bière d'épices. On prend une seule de ces substances ou plusieurs mêlées ensemble, selon la diversité de saveurs et d'odeurs qu'on veut donner à cette boisson.

Pour préparer cette bière, on opère comme suit :

On remplit le tonneau aux trois quarts de moût de bière avant la fermentation, on introduit les substances auxquelles on a donné la préférence dans un linge propre, pour les faire infuser dans le fût ; on en exprime le jus, puis on les jette.

Si alors la bière a trop d'amertume, ou

trop de force, on y ajoute de la bière ordinaire, on laisse en repos pendant quelque temps pour qu'elle dépose sa lie; ensuite, si on veut, on met des épices sèches dans le tonneau et on le remplit. On laisse encore en repos pendant quelque temps afin que le goût des épices se soit entièrement communiqué à la bière, puis on retire les épices quand elles ont entièrement perdu leur odeur.

On ferme bien le tonneau et on abandonne la bière à elle-même pendant quinze ou dix-huit jours. On obtient ainsi une bière fort agréable et très-saine.

Des épices sèches qu'on peut encore ajouter dans le tonneau.

On peut broyer des épices telles que : noix muscade, piment, clous de girofle, gingembre, etc., et au lieu de les placer dans un petit sac de toile propre pour les retirer ensuite du tonneau, on peut les faire infuser dans de l'eau-de-vie et verser cette infusion dans la bière, après en avoir bien exprimé et enlevé les épices. Cette infusion alcoolique se conserve fort longtemps, pourvu qu'on ferme hermétiquement avec de la cire, le vase qui la renferme.

Du goudronnage des fûts.

Ayant parlé à plusieurs reprises dans cet ouvrage, de l'utilité incontestable du goudronnage des tonneaux, nous croyons nécessaire de donner quelques explications à ce sujet.

La poix à laquelle on donne la préférence en Bavière pour goudronner les tonneaux, à l'effet de conserver la bière et de lui donner une saveur particulière à laquelle les consommateurs tiennent beaucoup, est une poix fine, brun-jaunâtre qu'on fabrique dans le Tyrol, qu'on trouve dans le commerce en boîtes plates en bois de 75 kilogrammes, et qui arrivent à Munich en automne. Il y en a une autre qualité qui provient aussi du Tyrol et qu'on trouve en caisse de 150 à 200 kilogrammes, ou en petits tonneaux, mais qui est loin d'avoir une odeur aussi fine et aussi aromatique, dont quelques brasseurs font aussi usage à cause de son prix moins élevé; il y en a même qui n'emploient que la poix de Voigland, de la poix de Bourgogne, etc., qui sont encore d'une qualité inférieure. Voici les procédés dont on se sert pour enduire les tonneaux de poix à l'intérieur.

Les tonneaux grands et petits, tels qu'on en fait usage, ne sont pas lavés à l'eau avant d'être poissés; mais on enlève un fond, on les chauffe sur un lit de paille, on y introduit de la poix en fusion dans une chaudière ou vase en fer, on les roule pour en enduire toute la surface interne, on fait écouler l'excédant et on replace le fond qu'on a aussi enduit de poix bouillante. Ainsi traités, les tonneaux neufs peuvent recevoir la bière sans être lavés préalablement, mais il faut les porter et non les rouler encore pour éviter que la poix ne se fendille.

Quant aux tonneaux qui ont déjà servi, après les avoir lavés à l'eau tiède, on les flambe à l'intérieur et on y verse de nouvelle poix qu'on promène sur toute la surface interne. Quand un tonneau a été bien poissé avec de la poix du Tyrol de première qualité, il conserve une odeur aromatique qu'il communique à la bière pendant tout le temps qu'elle y séjourne.

Cependant l'emploi du goudron ou de la poix pour rendre les tonneaux étanches est sujet à quelques inconvénients. Ainsi, après y avoir versé cette poix fondue, le roulement énergique de ces tonneaux est toujours nuisible à leur solidité. Si on les chauffe trop fortement, les avaries sont encore plus graves. Pour remédier à ces inconvénients, on se sert dans quelques brasseries allemandes depuis quelques années, d'un procédé qui paraît préférable à certains brasseurs et qui consiste à préparer une solution de 225 grammes de colophane, 60 grammes de gomme laque, 30 grammes de térébenthine et 15 grammes de cire jaune dans un litre d'alcool concentré, et à enduire l'intérieur du tonneau avec cette solution, Après l'application de la seconde couche qui sèche promptement, on enduit encore une fois avec une solution de gomme laque pure, faite avec 500 grammes de gomme et un litre d'alcool concentré. Ce vernis, dit-on, ferme tous les pores, n'éclate pas et ne donne pas de goût à la bière.

Depuis quelque temps, les journaux américains conseillent d'enduire les tonneaux pour la bière avec un mélange de 100 grammes de colophane et 2 à 3 grammes de matière grasse pure. Ce mélange, suivant eux, est plus coulant, adhère mieux au bois, n'éclate et ne se boursoufle pas, et est d'un meilleur service que les goudrons de Bavière et d'Augsbourg, et d'une plus facile application.

M. H. Vohl, de Cologne, a proposé d'employer la paraffine pour enduire à l'intérieur les tonneaux dans lesquels on conserve la bière et même le vin. On sait, en effet, que l'alcool et même la partie aqueuse de ces liquides s'évapore peu à peu à travers le bois de ces tonneaux, que le bois imprégné d'eau est sujet à se moisir et à leur donner un mauvais goût, et enfin qu'il faut avoir soin d'ouiller si on ne veut pas que ces liquides perdent de leurs qualités.

On nettoie en conséquence les tonneaux, on les rince à l'eau pure, on les laisse sécher, puis on enduit leur intérieur d'une couche mince de paraffine pure et fondue qu'on y promène dans tous les sens. Cette paraffine reprend aussitôt l'état concret, résiste à l'action de la bière ou du vin, et garantit efficacement le bois de l'action de ces liquides.

Cet enduit de paraffine est bien supérieur selon M. Vohl, à celui qu'on opère en Allemagne avec le goudron, pour les bières de garde surtout.

Le goudronnage ou le vernissage est d'une utilité incontestable; un tonneau a beau être parfaitement cerclé, il ne pourra jamais empêcher l'air extérieur de se frayer un passage à travers les pores du bois, et la bière de perdre une grande partie du gaz acide carbonique. D'un autre côté, si la cave n'est pas assez froide, le tonneau, en proportion de la chaleur ambiante, se raréfie ou se dilate; la raréfaction en fait sortir plus aisément les parties alcooliques qui ne cessent d'être dans un état d'évaporation, ce qui détruit aussi proportionnellement le goût et diminue la force de la bière; car tout bien fermés que soient les tonneaux, les parties spiritueuses qui s'évaporent étant d'une subtilité extrême, ne laisseront pas de passer à travers le haut du fût qui, dans un temps chaud et sec, est très-disposé à favoriser cette évaporation, au lieu que l'humidité inséparable d'une cave fraîche, remplit et resserre les pores du bois au point qu'ils deviennent presque impénétrables aux parties alcooliques qui tendent toujours à se dissiper; et ce n'est certes pas sans des motifs bien puissants que les brasseurs allemands goudronnent leurs tonneaux pour boucher complétement les pores du bois et qu'ils emploient des fûts renforcés capables de supporter une forte pression,

Mais le prix assez élevé des matières à employer, n'engage pas trop les brasseurs belges ni les brasseurs français à faire souvent usage, soit de poix, soit de colophane, soit de paraffine, soit enfin d'un vernis ou d'une résine quelconques, à cause que le prix de vente de leurs produits n'est pas assez élevé pour faire des dépenses non absolument de première nécessité ; sinon, ces brasseurs obtiendraient, comme en Allemagne, de très-grands avantages, soit pour les tonneaux neufs qui, ainsi préparés, seraient très-propres à recevoir la bière sans aucunement la détériorer, soit pour les tonneaux qui ont déjà servi ou vieux, qui seraient ainsi hors d'état de communiquer à la bière des mauvais goûts de fût qui, étant plus ou moins prononcés, contribuent parfois et même puissamment à rendre putride ou filante une partie et même la totalité d'un brassin, selon la tendance qu'a la bière de passer à l'un ou l'autre de ces états ; c'est pourquoi, pour éviter les inconvénients qui résultent de la qualité ou de la nature du bois neuf et des dangers qui résultent de l'introduction de la bière dans des tonneaux qui ont déjà servi et qui n'ont pas été suffisamment purgés, on a imaginé en Bavière un moyen qui a été adopté en Allemagne et dans presque tous les pays où l'on fait des bières façon Bavière, et qui consiste à goudronner les fûts. Ce goudronnage n'a eu originairement d'autre but que la propreté des tonneaux, mais indépendamment de tous les avantages précités, on a bientôt remarqué qu'un tonneau enduit de poix préserve la bière contre l'acidité ;

et ensuite on s'est convaincu que cela influe
non-seulement sur la saveur de la bière,
mais encore que cela sert à empêcher l'accès de l'air extérieur et à éviter l'échappement du gaz acide carbonique et l'évaporation de l'alcool par les fissures des douves et
les pores du bois, et cela encore, malgré
que les tonneaux en Allemagne, soient
presque toujours renforcés et capables de
supporter une forte pression.

FIN.

TABLE

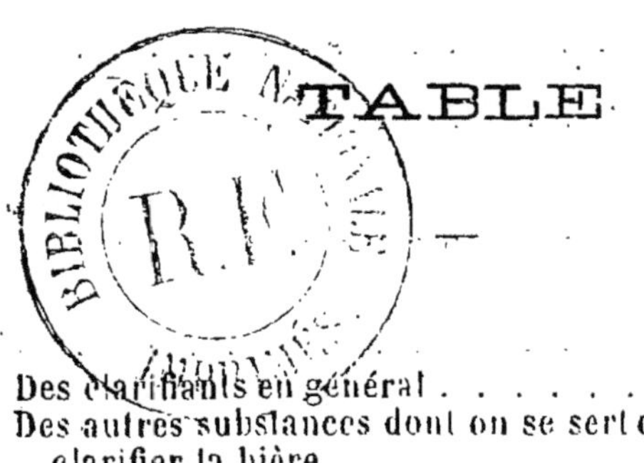

www.ingramcontent.com/pod-product-compliance
Ingram Content Group UK Ltd.
Pitfield, Milton Keynes, MK11 3LW, UK
UKHW022023170726
13837UKWH00001B/366